Klaus Moosmann

Erfolgreiche Koordinationsspiele

178 Übungsformen für Schule und Verein

5. Auflage

Limpert Verlag Wiebelsheim

Klaus Moosmann
(www.klausmoosmann.de)

Für Davids Schutzengel,
seine Retter und Helfer
sowie allen guten Freunden in Dankbarkeit.

★ 💧

Die Ratschläge in diesem Buch sind von den Autoren und dem Verlag sorgfältig erwogen und geprüft, dennoch kann keine Garantie übernommen werden. Eine Haftung der Autoren bzw. des Verlages und seiner Beauftragten für Personen-, Sach- und Vermögensschäden ist ausgeschlossen.

Bibliografische Information der Deutschen Nationalbibliothek
Die Deutsche Nationalbibliothek verzeichnet diese Publikation in der Deutschen Nationalbibliografie; detaillierte bibliografische Daten sind im Internet unter http://dnb.d-nb.de abrufbar.

5. Auflage

www.limpert.de

Zeichnungen: Kasia Sander, Recklinghausen
Druck und Verarbeitung: www.schreckhase.de, Spangenberg
Printed in Germany/Imprimé en Allemagne
ISBN 978-3-7853-1951-2

Inhaltsverzeichnis

Vorwort 7

Einzelspiele
Autofahren 11
Ballführen 11
Riesenkrake 12
Bewegungsmärchen 12
Fängervermehrung 13
Begrüßen 13
Ball hochspielen mit dem Spann 14
Chaosspiel 14
Ballprellen mit Begrüßen 15
Teppichfliesenfangen 15
Laufen mit Musik 16
Um die Bänder 16
Papierball 17
Ballstopp 17
„Halt – zack – platsch“ 18
Farben-Linien-Spiel 18
Drei und mehr Freunde 19
Berührjagd 19
Hundefangen 20
Ameisenfangen 20
Ball führen und schnell raus 21
Ball prellen und schnell reagieren 21
Linien fangen 22
Stütz befreit 22
Bälle wechseln 23
Laufen und Dribbeln 23
Böse Eismaschine 24
Springkreis 24
Rettungsboot 25
Ball hochspielen 25
Prellen im Hütchenwald 26
Ball befreit (Rettungsring) 26
Zick-Zack-Dribbeln 27
Ball prellen und Bänder rauben 27
Ball heraus 28
Ballprellen in der Bewegung 28
Ball auf Linien spielen 28
Kommando-Prellen 29
Klammernfangen 29
Punktejagd 30
Mit dem Seil 30
Reifenfußball 31
Atomspiel 31
Aufgaben mit zwei Bällen 32
Ballvermehrung 32
Dreifelderball 32
Dribbeln mit Kunststücken 33

Zweiball ... 33
Zombie ... 34
Über Matten ... 34
Rollbrettfangen ... 35
Jonglierball ... 36
Dribbling im Feld ... 36
Laufen im Hütchenwald ... 37
Rettungsspieler ... 37
Kettentick ... 38
Zoospiel ... 38
Abtupfball ... 39
Bewegen und Konzentrieren ... 39
Prellen mit Abklatschen ... 40
Jägerfußball ... 40
Gerupftes Huhn ... 40
Über Hindernisse ... 41
Prellfänger ... 41
Blitzschlag ... 42
Bärenfangen ... 42
Rettungsinsel ... 43
Seiltreten ... 43
Spinnenkampf ... 44

Partnerspiele

Partnergalopp ... 45
Marionettengang ... 45
Schattenlaufen ... 46
Paarfangen ... 46
Paarfangen mit Gymnastikaufgaben ... 46
Schattenspiel ... 47
Polizei – Dieb ... 47
Schattenprellen ... 48
Viele Tore ... 48
Keulen- oder Hütchenball ... 49
Paarläufe ... 49
Zuspiele in der 2-er Gruppe ... 49
Ball weg! ... 50
Ballwechsel ... 50
Spiegeldribbeln ... 51
Ballprellen mit Zusatzaufgaben ... 51
Durchs Tor zum Partner ... 51
Dribbeltorball ... 52
Stangentorball ... 52
Zwillingsjagd ... 53
Squash-Fußball ... 53
Zwei Fahrer ... 54
Passen und Konzentrieren ... 54
Ziehharmonika ... 55
Bodyguard ... 55
Tunnelkick ... 56
Synchronprellen ... 56
Neckball ... 57
Werfen mit zwei Bällen ... 57
Heißer Ball ... 57

Partner umdribbeln ... 58
Liegestütz-Kampf ... 58

Gruppenspiele

Linienlaufen ... 59
Kastenvölkerball ... 59
Schlangenlauf ... 60
Aufgerufene Farbe fängt ... 60
Füchse und Hühner ... 61
Viererfangen ... 61
Brückenwächter ... 61
Bälle aufräumen ... 62
Schlangenprellen ... 62
Sieben Leben ... 62
Dreifelder-Fangen ... 63
Mitspieler berühren ... 63
Hasenjagd ... 64
Krakenball ... 64
Hundehütte ... 65
Seitenwechsel ... 65
Äpfel klauen ... 66
Trefferball – Jeder gegen jeden ... 66
Wechselball ... 67
Handball verkehrt ... 67
Nummernzuspiel ... 68
Torschütze wechselt ... 68
Auf die Umlaufbahn schicken ... 68
Virusball ... 69
Die Löwen sind los ... 69
Seeungeheuer ... 70
Sechs-Tage-Rennen ... 70
Schuhhockey ... 71
Hütchen suchen ... 71
Chef bestimmt ... 72
Faustball ... 72
Jägerball ... 72
Schwarzer Rabe ... 73
Dribbelfangen ... 73
Jokerball ... 74
Reboundball ... 74
Kopf punktet ... 75
Brettball ... 75
Laufendes Tor ... 75
Nummernpassen mit Verweigern ... 76
Hütchentreffen ... 76
Einhakfußball ... 77
Handball – Kopfball ... 77
Nummern-Zuspiel mit mehreren Bällen ... 78
Aufgerufene Nummer fängt ... 78
Mattenball mit Rückspiel ... 78
Mattenball ... 79
Gefängnisspiel ... 79
Handball – Fußball ... 80
Sitzhandball ... 80

Zuspiele in der 6-er Gruppe ... 81
Zuspiele in der 3-er Gruppe ... 81
Zuspiel befreit ... 81
Squash-Handball ... 82
Ballbesitz entscheidet ... 82
Inselball ... 83
Tunnelball ... 83
Farbenlaufen ... 83
Nummernball mit Zusatzaufgabe ... 84
Reifen-Ablegeball ... 84
Aufsetzerball ... 84
Fliesenball mit „Neutralem“ ... 85
Bälle erobern ... 85
Kombinationsball mit Joker ... 86
4:2 ... 86
Kombinationsball ... 86
Frantic ... 87
Sternspiel ... 87
Krakenangriff ... 88
A-B-C – Fangen ... 88
A-B-C – Jägerball ... 88
Schiffe versenken ... 89
Gruppensieger ... 89
Vierfelderball ... 90
Farbenspiel ... 90
Karottenziehen ... 91
Schwungseilwettkampf ... 92

Theorie: Was sind koordinative Fähigkeiten? ... 93

Literaturverzeichnis ... 95

Register 1: Motorische Fertigkeiten und konditionelle Fähigkeiten ... 97

Register 2: Koordinative Fähigkeiten ... 101

Vorwort

Von den so genannten KoKoKo's (konditionelle, kognitive, kompositorische und koordinative Fähigkeiten) sind die koordinativen noch am wenigsten erforscht. Die Sportwissenschaft holte in diesem Bereich in den letzten Jahren jedoch stark auf und alle Untersuchungen untermauern die Bedeutung der koordinativen Fähigkeiten für die motorische Entwicklung.

Diese Erkenntnisse finden ihren Niederschlag auch in den neuen Bildungsplänen von Baden-Württemberg, wo es für die Grundschule heißt: „Die im Grundschulalter erworbenen koordinativen Fähigkeiten sind von großer Bedeutung für alle Bewegungshandlungen (...) Deshalb kommt der Schulung der koordinativen Fähigkeiten (...) eine besondere Bedeutung zu". Ähnliches ist bei der Realschule zu finden: „Der Schwerpunkt des Sportunterrichts in Klasse 5 und 6 liegt auf der Schulung und Verbesserung der koordinativen Fähigkeiten."

Die koordinativen Fähigkeiten werden zu recht als „Zauberformel mit Katalysatorwirkung für das allgemeine motorische Lernen und das gesamte Bewegungssystem" (HOTZ, 1996, S. 30) oder als „Betriebssystem des Bewegungsvermögens" (MEDLER, 1996, S. 30) bezeichnet.

Dies gilt sowohl für den

- Leistungssport (schnellere, sichere und dynamische Ausführung von Fertigkeiten) als auch den
- Breiten- und Schulsport (schnelleres Erlernen von ähnlichen sportlichen Bewegungen) oder das
- Alltagsleben (sicheres Fahrradfahren, Inline-Skating, Balancieren, Unfallvorbeugung, kleine Pausenspiele, Malen von geschwungenen Linien etc.).

Ein gutes Niveau der koordinativen Fähigkeiten macht Kinder grundsätzlich flexibler, vielseitiger und lernfähiger, was verbunden ist mit einem gesteigerten Selbstbewusstsein (Anerkennung in der Gruppe und besseres Selbstwertgefühl) und – diese legen zumindest erste Untersuchungen nahe – verbesserten kognitiven Leistungen („Bewegung macht klug").

Die einzelnen Fähigkeiten (Differenzierungs-, Reaktions-, Orientierungs-, Kopplungs-, Umstellungs- und Anpassungs-, Gleichgewichts- und Rhythmusfähigkeit) werden im Anhang genauer erläutert. Der Übergang zwischen den einzelnen Fähigkeiten ist fließend und eine Abtrennung oft nicht möglich, da bei jeder Spiel- oder Übungsform zumeist mehrere Bereiche angesprochen werden.

Viele der aufgezeigten Spiel- und Übungsformen können ohne weiteres Bestandteil eines abwechslungsreichen und motivierenden Aufwärmprogramms sein. Ist dies nicht erwünscht oder möglich, dann sollte in jeder Trainingseinheit mindestens ein kleiner Übungs- oder Spieleblock für die Schulung der koordinativen Fähigkeiten reserviert sein. Von Zeit zu Zeit können bzw. sollen auch komplette Stunden mit koordinativer Zielsetzung zum Einsatz kommen.

Da die koordinativen Fähigkeiten vom Vorschulalter („Kindheit als bestes koordinatives Lernalter") bis ins hohe Alter („Angeborenes mit Angebotenem verknüpfen") angesprochen werden müssen, ist dieses Buch für alle Altersgruppen geeignet.

Die Spiele und Übungen sind in drei Kategorien aufgeteilt:

- **Einzelübungen**
- **Partnerübungen**
- **Gruppenübungen und -spiele**

Bei den Einzelübungen finden Sie Übungsformen mit und ohne Geräte. Bei den Partnerübungen ist nicht nur eine Anpassung an das Gerät, sondern auch an den Partner notwendig und der Spieler erfährt einen direkten Vergleich mit dem Partner. Bei den Gruppenübungen und -spielen erleichtert ein Mindestmaß an technischen und taktischen Anforderungen (Fangen, Werfen, Freilaufen etc.) das Gelingen und hier werden im koordinativen Bereich besonders die Differenzierungs-, Umstellungs- und Orientierungsfähigkeit angesprochen.

Die Übungs- und Spielbeschreibungen sind bewusst sehr kurz gehalten und Organisationshinweise, Materiallisten sowie methodische Tipps und Varianten erleichtern Ihnen die Planung und den Einsatz.

Die positiven Rückmeldungen auf mein erstes Buch „Kleine Aufwärmspiele" stimmen mich zuversichtlich, dass ich Ihnen mit meinem neuen Buch ebenfalls eine kleine Hilfe für Ihre schöne und spannende Tätigkeit als Trainer, Übungsleiter oder Sportlehrer zur Verfügung stellen kann.

Dank gebührt vielen Bekannten und Freunden für ihre Anregungen und Impulse.

Weitere Spiel- und Übungsbeispiele finden Sie auch auf meiner Homepage www.klausmoosmann.de

Für Rückmeldungen und Verbesserungsvorschläge Ihrerseits bin ich sehr dankbar.

Klaus Moosmann — im Sommer 2006

Vorwort zur 5. Auflage

Über die vielen positiven Rückmeldungen auf die 1. Auflage freute ich mich sehr. Die wenigen kritischen Anmerkungen sind ebenfalls wichtig, da diese Verbesserungsmöglichkeiten aufzeigen, die in die Neuauflage einfließen können.

Der Grundgedanke des Buches besteht nicht darin, mögliche Spiel- und Übungsformen zu bestimmten koordinativen Fähigkeiten aufzulisten („Fähigkeitsansatz"), sondern stellt eine zu bewältigende motorische Aufgabe (Spiel- und Übungsformen mit allgemein fähigkeitsorientierten Grundaufgaben, gegliedert in Einzel-, Partner- und Gruppenarbeit) in den Mittelpunkt, die der Anwender dann nach seinen Bedürfnissen abwandelt. Dies erfordert eine Kenntnis der aktuellen Studien der Wissenschaft, die von der reinen „Fähigkeitsvermittlungsmethode" mehr und mehr Abstand nimmt, da es schwer möglich ist, die koordinativen Fähigkeiten separat zu schulen. So stellen die Bielefelder Sportpädagogen (1998, S. 89f.) die koordinativen Anforderungen nebeneinander, um diese durch eine gut gefächerte Grundlagenausbildung zu vermitteln.

Das Grundprinzip des Koordinationstrainings lautet folglich so: „Man nehme eine breite Palette von einfachen, stabil beherrschten motorischen Fertigkeiten, variiere die efferenten und afferenten Informationsverarbeitungsbedingungen und führe die Übungen unter (erschwerten) Druckbedingungen durch" (Bielefelder Sportpädagogen, 1998, S. 101). So benötigt ein Fußballer eine andere Darbietung der motorischen Aufgabe als ein Basketballer oder Leichtathlet.

Gemäß dem von Neumaier (1999, S. 113) entwickelten Modell wird eine „Grundaufgabe" durch Informationsanforderungen und Druckbedingungen den jeweiligen Erfordernissen angepasst und variiert.

Die methodische Grundformel lautet also:
Koordinationsschulung
= Einfache Fertigkeiten des Grundspiels
+ Informationsanforderungen
+ Druckbedingungen

Informationsanforderungen können optisch (sehen, das Auge betreffend), akustisch (hören), taktil (berühren, den Hautsinn betreffend) oder vestibulär (das Gleichgewichtsorgan betreffend) abgeändert werden.

Die Druckbedingungen sind Präzisionsdruck (Präzisionsanforderung an die Aufgabe), Zeitdruck (zur Verfügung stehende Zeit), Komplexitätsdruck (an der Bewegung beteiligte Körperteile oder Muskeln), Situationsdruck (Variabilität oder Komplexität der Situation) und der Belastungsdruck (psychische und konditionelle Anforderungen).

Lassen Sie mich dies am Beispiel des Spiels „Karottenziehen" (S. 91) erklären. Auf den ersten Blick wird dieses Spiel eher zu den Kampf- oder Raufspielen gerechnet, doch werden bereits bei der Grundaufgabe die Differenzierungs- und Umstellungsfähigkeit angesprochen. Wird die gestellte Grundaufgabe entsprechend den oben angeführten Ausführungen abgeändert, dann wird verstärkt im koordinativen Bereich geschult. Beinhaltet Ihre Aufgabe das Schließen der Augen (der Karotten), dann wird erst auf den taktilen Reiz (Informationsanforderung) der Karottenzieher eine Reaktion der Karotten ausgelöst (Komplexitätsdruck). Ziehen mehrere Spieler wird zusätzlich der Belastungsdruck erhöht und wird eine Zeitvorgabe (z. B. 45 Sekunden) für eine mögliche Punktewertung verlangt oder das Ganze als Gruppenwettkampf mehrerer Mannschaften organisiert, dann wird zusätzlich der Zeitdruck erhöht. Wird erst auf ein Signal des Spieleiters (Pfiff) mit dem Ziehen begonnen, dann löst erst ein akustisches Signal eine Reaktion aus usw.

Da einige Leser trotzdem gerne eine Fähigkeitszuordnung wünschen, hat meine Studentengruppe (Sommersemester 2008, PH Weingarten) gemeinsam mit mir ein Fähigkeitsregister erstellt, bei dem die wichtigsten koordinativen Fähigkeiten der motorischen Grundaufgabe zugeordnet werden – wohl wissend, dass die Übergänge oft fließend sind und bei vielen Gruppenspielen die Differenzierungs-, Umstellungs- und Orientierungsfähigkeit immer eine Rolle spielen. Dieses Register finden Sie ebenso am Ende des Buches wie ein weiteres Register mit den wichtigsten motorischen Fertigkeiten und konditionellen Fähigkeiten.

Bei der Veränderung der **Grundspiele** werden die Spieler möglichst oft aktiv miteinbezogen und so entstehen immer wieder neue, kreative Spielvariationen. Der Phantasie sind hierbei keine Grenzen gesetzt. Für den Spielleiter, Lehrer oder Trainer gilt:

- Offen sein für Schüler-/Spielervorschläge.
- Partner- und Gruppenarbeit fördern.
- Den Schwierigkeitsgrad der Spiel- und Übungsformen selbst bestimmen lassen.

- Sowenig wie möglich in den Lern-, Spiel- und Übungsprozess eingreifen.
- Für lange Spiel- und Übungsphasen sorgen.

Da alle Grundspiele bewusst relativ einfach gehalten sind, bieten diese vielfältige Möglichkeiten, um **heterogenen** Gruppen gerecht zu werden. Anregungen finden Sie dazu unter „Variationen, methodische Hinweise" gemäß dem Motto: „Alle spielen dasselbe (Grundspiel), aber tun dies nicht gleich."

Auf meiner Homepage (www.klausmoosmann.de) finden Sie meine E-Mail-Adresse, über die Sie gerne mit mir Kontakt aufnehmen können, sowie einen direkten Link zu den Super-Softbällen des Erhard-Sportversands, die für alle Kleinen Ballspiele ideal geeignet sind.

Klaus Moosmann

Autofahren

Organisation: Alle Spieler halten einen Stab oder ein verkürztes Seil an beiden Enden
Material, Medien: Stäbe, Seile

Inhalt:
Die Spieler laufen mit dem Seil / Stab als Lenkrad kreuz und quer durch die Halle.

Wichtig: Zusammenstöße vermeiden.
Auf Pfiff des Übungsleiters werden andere Aufgaben ausgeführt: **kurzer Pfiff:** langsam weiter fahren; **2 kurze Pfiffe:** schnell fahren; **langer Pfiff:** wir fahren rückwärts; ...

Variationen, methodische Hinweise:
- mit Musik
- rückwärts laufen
- Tempo variieren
- Bewegungsraum verändern
- Beim Zusammentreffen Stäbe kreuzen und sich vorstellen
- Auf ein Signal zu einer zugerufenen oder angezeigten Gruppengröße (z. B. fünf) zusammenfinden
- Neue Aufgabe durch Zuruf oder Hochhalten von Plakaten

Ballführen

Organisation: Jede(r) 1 Ball
Material/Medien: Verschiedene Bälle

Inhalt:
Die Spieler bewegen sich frei im Raum und führen dabei den Ball am Fuß. Auf ein bestimmtes Signal hin (Pfiff, Handzeichen,) führen sie vorgegebene Aufgaben aus. Beispielsweise:
- Ball anhalten, kurz darauf absitzen (mit der linken / rechten Schulter berühren)
- mit dem Ball einen Kreis (einen Achter) beschreiben
- zweimal über den Ball steigen (Vorform „Schere“)
- Ball mit der Sohle bewegen
- Ball mit der Sohle von links nach rechts führen und umgekehrt
- Ball mit rechts mit der Sohle um das linke Bein führen

Variationen, methodische Hinweise:
- Bälle prellen
- Ball nur links, rechts, mit der Sohle führen, auch rückwärts
- Spielfeld verkleinern
- Nach dem Lösen der Aufgabe mit einem anderen Ball weiterdribbeln (Orientierungsfähigkeit)
- Den Aufgaben Nummern bzw. Farben zuordnen und die Signale durch Handzeichen oder Bänderfarbe anzeigen
- Verschiedene Fingerzeichen bedeuten entsprechende Aufgabe (linker Daumen: schnell absitzen, ...)
- Spielleiter wechselt oft den Standort
- Schülerideen aufgreifen und einbauen
- Nach jedem Durchgang Wechsel der Ballführung von Hand zu Fuß und umgekehrt
- Verschiedene Bälle verwenden

Riesenkrake

Organisation: Ein Spieler mit Band kennzeichnen; alle anderen Spieler sammeln sich auf einer Hallenseite
Material/Medien: Band

Inhalt:
Der Fänger ruft „1, 2, 3, 4, Octopus". Dies ist das Signal für die anderen Spieler, die dann zur anderen Hallenseite laufen. Wird ein Spieler von dem Fänger abgeschlagen, dann setzt dieser sich auf den Boden und darf als Krake andere Spieler ebenfalls abschlagen. Welche 3 Spieler bleiben übrig?

Variationen, methodische Hinweise:
- Fangzone kennzeichnen! Nur in dieser darf gefangen werden
- Von beiden Seiten beginnen
- Frei im Raum spielen
- Matten auslegen und nur auf diesen dürfen sich die Kraken bewegen

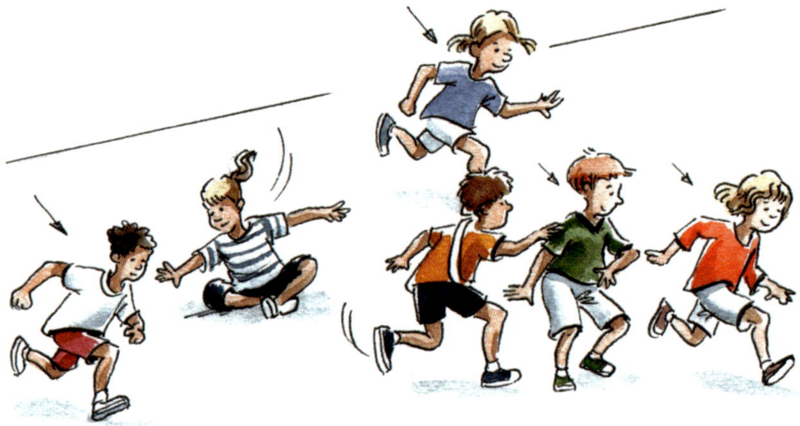

Bewegungsmärchen

Organisation: Alle Spieler ohne Schuhe
Material/Medien: keine

Inhalt:
Der Spielleiter erzählt eine Geschichte „Es war einmal ...". Die Spieler laufen leise umher und müssen beim Hören von Verben (laufen, gehen, kriechen, hüpfen, schlafen, Haken schlagen, ...) diese Bewegung ausführen und bei Substantiven (Türe, Bank, Fenster, Basketballkorb, Baum, Fußballtor, ...) diese anlaufen.

Variationen, methodische Hinweise:
- Belastung variieren
- Altersgemäß einsetzen

Fängervermehrung

Organisation: Zwei Spieler als Fänger kennzeichnen
Material/Medien: Viele Bänder

Inhalt:
Die Fänger schlagen Mitspieler ab, die dann beim Spielleiter ein Band holen und ebenfalls mitfangen.

Welche 3 Spieler bleiben übrig?
Anschließend das Ganze umgekehrt, so dass die Bänder wieder am Ende beim Spielleiter sind.
D. h. die Spieler ohne Band beginnen als Fänger und abgeschlagene Spieler geben ihr Band beim Spielleiter ab und fangen mit.

Begrüßen

Organisation: Jeder zieht einen Schuh aus
Material/Medien: keine

Inhalt:
Jeder Spieler nimmt seinen ausgezogenen Schuh in die Hand und läuft umher. Bei jeder Begegnung mit einem Mitspieler klatschen sie sich mit den Schuhen ab und nennen ihren Namen.
Auf Pfiff des Spielleiters legen sie ihre Schuhe auf den Boden, laufen weiter und überspringen 10 Schuhe, bevor sie ihren Schuh wieder aufnehmen, weiterlaufen und wieder die Mitspieler begrüßen (abklatschen). Beim nächsten Pfiff legen sie wieder ihren Schuh auf den Boden und führen 10 Strecksprünge aus, nehmen anschließend ihren Schuh wieder auf und laufen weiter.

Variationen, methodische Hinweise:
- Mit Musik macht es noch mehr Spaß
- Beide Schuhe ausziehen und im Vierfüßlergang durch die Halle „laufen"

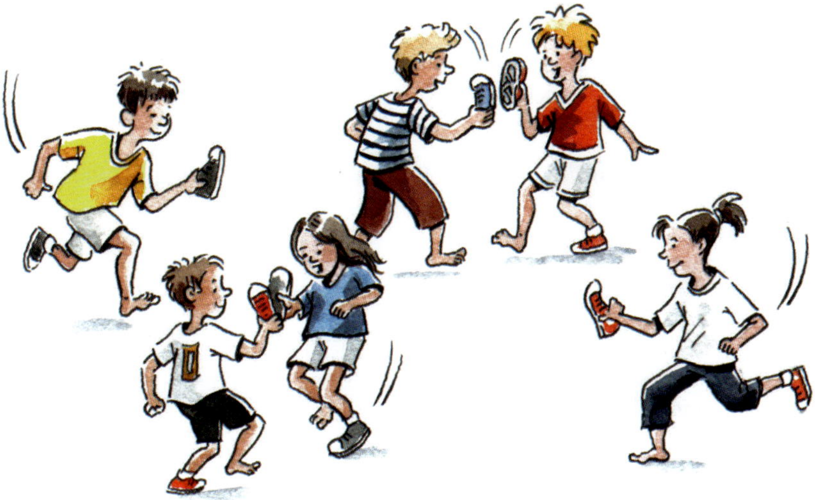

Ball hochspielen mit dem Spann

Organisation: Jede(r) hat 1 Ball
Material/Medien: Fuß-, Hand-, Volley-, Softbälle, etc.

Inhalt:
In der Bewegung Ball aus der Hand fallen lassen, mit dem Spann wieder hochspielen und auffangen.

Variationen, methodische Hinweise:
- Ball 2–3 Mal hochspielen und erst dann fangen
- Mit verschiedenen Bällen spielen
- Zunächst nur rechtes oder linkes Bein, danach im Wechsel
- Als Wettbewerb auf Zeit
- In der Bewegung (stehen – gehen – laufen)
- In einem vorgegebenen Rhythmus
- Ball möglichst hoch spielen
- Ball auf den Boden fallen lasen und dann hochspielen
- Ball hochspielen, dann köpfen und anschließend auffangen

Chaosspiel

Organisation: Alle Spieler bilden einen Kreis und merken sich den **rechten** Nachbarn mit Namen
Material/Medien: Verschiedene Wurfgegenstände (verschiedene Bälle, Frisbeescheibe, Indiaca, Rugby-Ei, ...)

Inhalt:
Die Spieler bewegen sich frei und bekommen vom Spielleiter Gegenstände zugeworfen. Diese müssen anschließend immer dem **rechten** Nachbarn von der Kreisaufstellung zugeworfen werden. Dieser sucht anschließend seinen **rechten** Nachbarn usw. Durch immer wieder neu ins Spiel gebrachte Gegenstände entsteht der Eindruck eines immer größer werdenden Chaoses.

Variationen, methodische Hinweise:
- Mit wenigen Gegenständen beginnen
- Wird der Nachbar nicht gefunden, dann seinen Namen laut rufen!
- Mit Gegenstand maximal 3 Schritte laufen
- Den linken und rechten Nachbarn merken und dann den jeweils „freien“ Partner anspielen

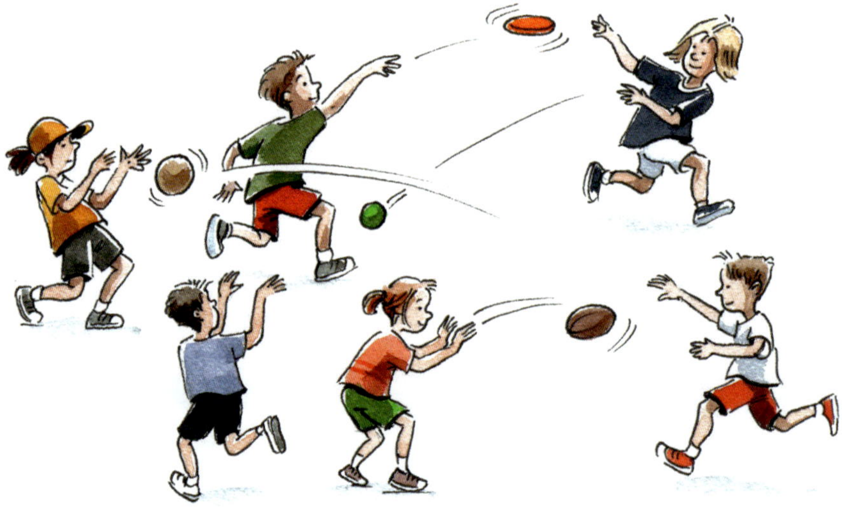

Ballprellen mit Begrüßen

Organisation: Jede(r) 1 Ball
Material/Medien: Hand-, Fuß-, Volleybälle, Gymnastikbälle, etc.

Inhalt:
Alle Spieler haben einen Ball und gehen / laufen durcheinander, wobei sie den Ball prellen. Begegnen sich zwei Spieler, so begrüßen sie sich beispielsweise mit:
- Händeschütteln
- Händeschütteln und Balltausch
- Händeschütteln und dabei fünfmal den Ball gemeinsam prellen
- Namensnennung
- tiefer Verneigung
- Hinsetzen
- Abklatschen mit einer Hand oder beiden Händen
- Hochspringen und abklatschen mit beiden Händen

Variationen, methodische Hinweise:
- Verschiedenartige Bälle verwenden (Material, Größe, Oberflächenbeschaffenheit, ...)
- Bei Begegnung die Bälle wechseln
- Variierende Aufgaben wie
  - Händeschütteln und Balltausch
  - Händeschütteln und ...
- Hand geben, der jüngste Spieler bestimmt die Anzahl (3–10) des gemeinsamen Prellens, dann weiter

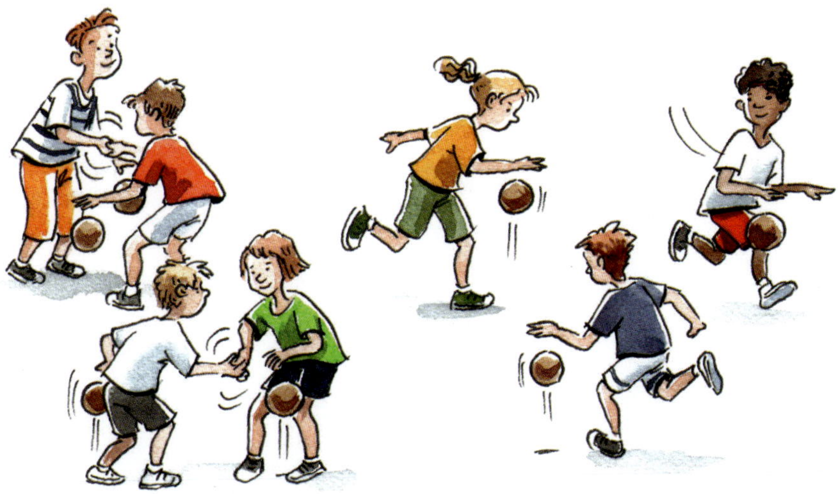

Teppichfliesenfangen

Organisation: Jeder Spieler erhält eine Teppichfliese; 2–4 Fänger kennzeichnen
Material/Medien: Teppichfliesen, Bänder

Inhalt:
Jeder Spieler steht mit einem Bein auf einer Teppichfliese und darf diese beim Fortbewegen nicht verlieren. Gelingt einem Fänger ein Abschlag, dann erfolgt ein Rollentausch.

Variationen, methodische Hinweise:
- Jeder erhält zwei Fliesen, auf denen er sich fortbewegen muss
- Als Gruppe fangen! Welche Gruppe schafft in 2 Minuten die meisten Abschläge?

Laufen mit Musik

Organisation: Spieler verteilen sich frei in der Halle
Material, Medien: Musikanlage

Inhalt:
Die Spieler bewegen sich frei in der Halle und erhalten nach jedem Musikstopp oder auf ein anderes Signal neue Fortbewegungsanweisungen.

Mögliche Übungen:
- beliebig laufen
- rückwärts
- mit Sidesteps
- Anfersen
- Kreuzschritt
- Kniehebelauf
- Skippings
- Hopserlauf
- Pferdchenlauf
- Links – links – rechts – rechts
- Ballenlauf
- auf einem Bein
- Schlusssprünge
- Schrittsprünge
- usw.

Variationen, methodische Hinweise:
- Spieler selber Übungsformen finden lassen
- Tempo verändern
- Bewegungsraum verkleinern/vergrößern (erhöhte Anforderung an die Orientierungsfähigkeit)

Um die Bänder

Organisation: Jeder 1 Ball und 1 Band
Material/Medien: Bänder oder Hütchen in 4 verschiedenen Farben, Bälle

Inhalt:
Die Spieler führen den Ball am Fuß um die am Boden liegenden Bänder. Auf ein Signal (Pfiff oder Stoppruf) setzen sie sich mit Ball auf ein Band / ans Hütchen.
Hinweis: Merkt euch die Farbe des Bandes und die Nebenleute! Danach müssen verschiedene Aufgaben bewältigt werden. Anschließend weiter um die Bänder dribbeln und bei Pfiff wieder zum eigenen Band zurückkehren.

Variationen, methodische Hinweise:
- Spieler dribbeln um die Bänder. Signal: „Zurück zum Band!“
- Die Spieler prellen den Ball um die Bänder. Signal: „Sucht euch ein anderes Band!“
- Die Spieler rollen den Ball um die Bänder. Signal: „Suche dir deinen alten Platz!“

Papierball

Organisation: Jeder formt sich einen Papierball
Material/Medien: Zeitungspapier

Inhalt:
Die Spieler werfen den Papierball in der Bewegung mit einer Hand in die Luft und fangen ihn mit der gleichen Hand wieder auf.

Weitere Aufgaben:
- Mit der anderen Hand auffangen
- Beim Treffen eines Mitspielers werden die Papierbälle ausgetauscht
- Die Spieler werfen sich gegenseitig mit den Papierbällen ab. Kopftreffer zählen nicht!
- Wer schafft die meisten Treffer?

Variationen, methodische Hinweise:
- Höhe verändern
- Wurffrequenz vorgeben
- Zwei Papierbälle pro Spieler
- Feldgröße verändern

Ballstopp

Organisation: Jeder 1 Ball; rote und blaue Reifen verteilen (3 weniger als Spieler!)
Material/Medien: Bälle, Bänder, Reifen

Inhalt:
Die Spieler führen den Ball am Fuß.
Auf Pfiff besetzen sie mit Ball so schnell wie möglich eine Insel, indem sie ihren Ball mit dem Fuß in den Reifen führen und mit der Sohle anhalten.
Jeder Spieler, der einen Reifen besetzt, erhält einen Punkt. Anschließend wird weitergedribbelt.

Mögliche Abänderungen:
- Den Ball mit dem Knie anhalten
- Den Ball mit dem Po anhalten
- Den Ball mit der Sohle führen
- Den Ball rückwärts führen

Variationen, methodische Hinweise:
- Hochgehaltenes Band (blau oder rot) signalisiert die Reifen, die besetzt werden dürfen
- Den Ball abwechselnd gegen die Wände spielen und auf Pfiff die Inseln aufsuchen
- Ball prellen

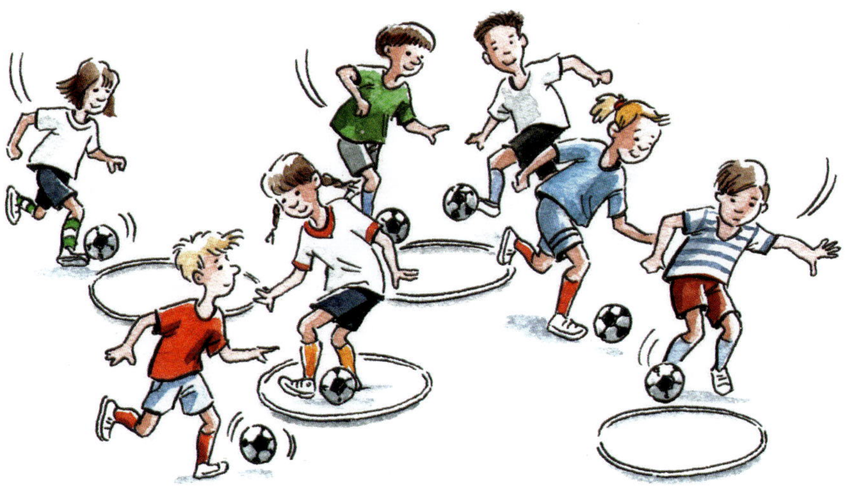

„Halt – zack – platsch"

Organisation: –
Material/Medien: –

Inhalt:
Alle Spieler laufen durcheinander.
Ruft der Spielleiter „Halt", bleiben alle sofort wie ersteinert stehen, bei „Zack" setzen sich alle hin, bei „Platsch" legen sich alle flach auf den Boden. Die letzten drei Spieler bekommen keine Punkte! Wer sammelt die meisten?

Variationen, methodische Hinweise:
- Nur auf enem Bein stehen (Gleichgewicht)
- Nur auf den Zehenspitzen
- Rückenlage (nur auf Fersen und Schulterblättern aufliegen)
- ...

Farben-Linien-Spiel

Organisation: –
Material/Medien: Keine

Inhalt:
Die Spieler laufen durcheinander. Auf Pfiff ruft der Spielleiter eine Farbe einer auf dem Boden befindlichen Markierungslinie. Nun müssen die Spieler sich so schnell wie möglich auf die entsprechende Linie stellen.
Nennt der Spielleiter zwei Farben, dann müssen der erste Fuß auf einer Linie mit der ersten Farbe und der zweite auf einer Linie mit der zweiten Farbe stehen.
Eventuell mit Punktwertung spielen, so dass die drei letzten Spieler keinen Punkt bekommen.

Variationen, methodische Hinweise:
- Mit Musik macht es noch mehr Spaß
- Mit farbigen Kärtchen oder Bändern (optisches Signal) spielen

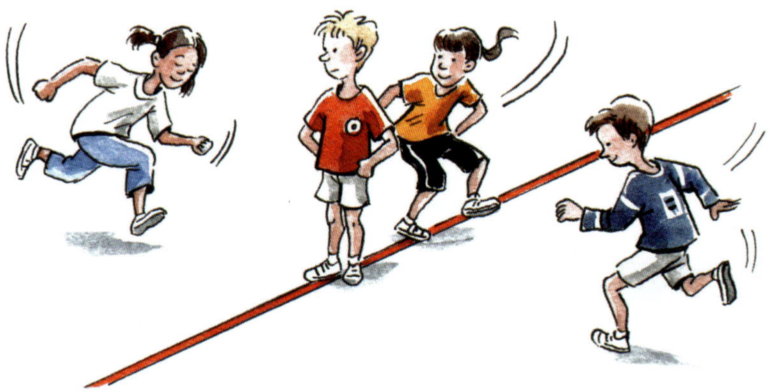

Drei und mehr Freunde

Organisation: –
Material/Medien: Evtl. CD-Player

Inhalt:
Die Spieler laufen durcheinander. Nach Pfiff ruft der Übungsleiter eine Zahl, der entsprechend sich die Spieler zusammenfinden müssen.
Jeder, der die Aufgabe erfüllt hat, bekommt einen Punkt.
Wer schafft mehr als 3, 5, ... Punkte?
Oder:
Wer übrig bleibt bekommt einen Minuspunkt oder bewältigt eine „Sonderaufgabe".

Variationen, methodische Hinweise:
- Mit Musik macht es mehr Spaß
- Spieler müssen sich einhaken, absitzen, ...
- Mit kleinen Zahlen beginnen
- Ideal, um Mannschaften für den nachfolgenden Hauptteil zu bilden
- Mit Fingern oder Tafeln die entsprechende Zahl anzeigen

Berührjagd

Organisation: Viele Bälle im Raum verteilen
Material/Medien: Bälle

Inhalt:
Die Spieler laufen durcheinander, ohne die Bälle zu berühren. Auf Pfiff des Spielleiters benennt dieser einen Körperteil (rechte Hand, Po, linkes Knie, ...), mit dem die Spieler in 30 Sekunden möglichst viele Bälle berühren. Dabei darf der gleiche Ball erst wieder gezählt werden, wenn zuvor mindestens 2 andere berührt wurden.
Ein Pfiff beendet die „Berührphase" und die Spieler laufen wieder durcheinander.
Wer hat nach 3 (4) Durchgängen mehr als 25 (30) ... Punkte?

Wichtig: Erholungsphasen zwischen den 30-Sekunden-Intervallen lang genug lassen

Variationen, methodische Hinweise:
- Ein Spieler wählt das Körperteil aus
- Es zählen nur Fußbälle, Bälle mit bestimmter Farbe ...

Hundefangen

Organisation: 2–4 Fänger („Hunde") kennzeichnen
Material/Medien: Bänder, Schildmützen

Inhalt:
Alle bewegen sich frei im Raum. Die Fänger („Hunde") schlagen die anderen ab. Wer abgeschlagen ist, bildet eine „Hundehütte" (Liegestütz vorlings) und ist wieder frei, wenn ein Mitspieler unter der Hundehütte durchkriecht.

Variationen, methodische Hinweise:
- Fängerzahl erhöhen
- Spielfeldgröße verändern
- Statt Hundehütte in den Grätschstand gehen o. ä.

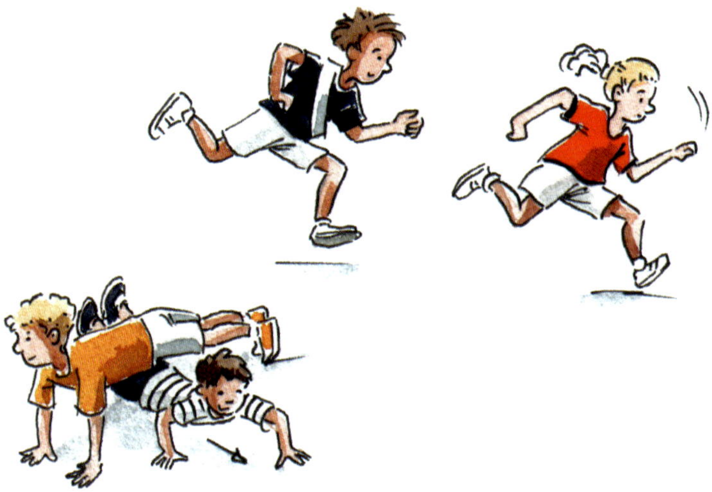

Ameisenfangen

Organisation: 3–5 Fänger („Oberameisen") bestimmen
Material/Medien: Bänder

Inhalt:
Alle bewegen sich in einem kleinen Spielfeld (z. B. Volleyballfeld), wobei sich die Fänger („Oberameisen") nur im Vierfüßlergang fortbewegen dürfen. Wer von den „Oberameisen" gefangen wird, hilft diesen ebenfalls im Vierfüßlergang beim Fangen. Wer das Spielfeld verlässt, muss ebenfalls fangen.

Variationen, methodische Hinweise:
- Spielfeldgröße der Spielerzahl anpassen!
- Alle gehen im Vierfüßlergang

Ball führen und schnell raus

Organisation: Jede(r) 1 Ball; Viereck markieren und zusätzlich 4 Male außerhalb
Material/Medien: Fußbälle, 8 Hütchen

Inhalt:
Jeder Spieler hat einen Ball und führt diesen am Fuß im Feld. Auf ein Zeichen (Pfiff, Handzeichen, Band, ...) umdribbeln die Spieler möglichst rasch ein beliebiges Hütchen außerhalb des Feldes.
Weitere Aufgaben:
- Nach dem Signal lassen die Spieler ihren Ball liegen, umspurten ein beliebiges Hütchen außerhalb und dribbeln anschließend mit ihrem Ball weiter.
- Jedes Mal (Hütchen) außerhalb bekommt eine Nummer. Der Trainer ruft eine Nummer; das Hütchen mit dieser Nummer müssen dann alle umlaufen.

Variationen, methodische Hinweise:
- Finten im Feld üben (Übersteiger, Lokomotive, ...)
- Rechenaufgaben einsetzen (z. B. 7–5 = 2, d. h. Hut Nummer 2 muss umlaufen werden)
- Dribbelintervalle verändern
- Signal: Der Trainer lässt einen Ball fallen
- Mit einem beliebigen Ball weiterdribbeln
- Feldgröße variieren
- Bälle prellen

Ball prellen und schnell reagieren

Organisation: Jede(r) 1 Ball; Viereck markieren
Material/Medien: Verschiedenen Bälle, 4 Hütchen, Bänder

Inhalt:
Jeder Spieler hat einen Ball und prellt ihn im Feld. Auf ein Zeichen (Pfiff, Handzeichen, Band, ...) umlaufen die Spieler möglichst rasch ein beliebiges Hütchen (Band), ohne dabei den Ball zu verlieren.

Variationen, methodische Hinweise:
- Nach dem Signal lassen die Spieler ihren Ball liegen, umspurten ein beliebiges Hütchen (Band) und prellen anschließend mit ihrem Ball weiter. Dasselbe mit der anderen Hand.
- Den Ball mit dem Fuß führen
- Im Feld Finten üben
- Den Hütchen (Bändern) Farben zuordnen, die nach Aufruf, Anzeigen (mit Band) umlaufen/umdribbelt werden müssen
- Dribbelintervalle verändern
- Signal: Der Trainer lässt einen Ball fallen
- Mit einem beliebigen Ball weiterdribbeln
- Spieler und Hütchen mit Band kennzeichnen. Nach Aufrufen der Farbe umläuft die jeweilige Gruppe die entsprechenden Hütchen
- Unterschiedliche Bälle verwenden

Linien fangen

Organisation: 2–3 Fänger bestimmen und kennzeichnen
Material/Medien: Bänder

Inhalt:
Alle Spieler dürfen sich nur auf den Linien fortbewegen.
Schafft ein Fänger einen Abschlag, erfolgt ein Rollentausch.

Variationen, methodische Hinweise:
- Bestimmte Linien (gelb, ...) sind für die Flüchtenden gesperrt

Stütz befreit

Organisation: 3–4 Fänger kennzeichnen; Turngeräte aufbauen
Material/Medien: Bänder, Turngeräte

Inhalt:
Die Fänger schlagen die Mitspieler ab. Gelingt dies, erfolgt ein Rollentausch. Durch Springen in den Stütz an den Geräten kann sich der Gejagte retten. Er darf aber maximal 3 Sekunden an seinem Freimal bleiben und kann das gleiche Gerät nicht zweimal hintereinander benützen. Der Fänger darf nicht am Gerät warten, sondern muss einen anderen Mitspieler jagen.

Variationen, methodische Hinweise:
- Eignet sich besonders als Einstieg in eine Turnstunde, wenn die Geräte bereits aufgebaut sind
- Die Schülerzahl pro Gerät beschränken
- Fängerzahl erhöhen
- Auf Gerätegefahren (Barren, ...) hinweisen

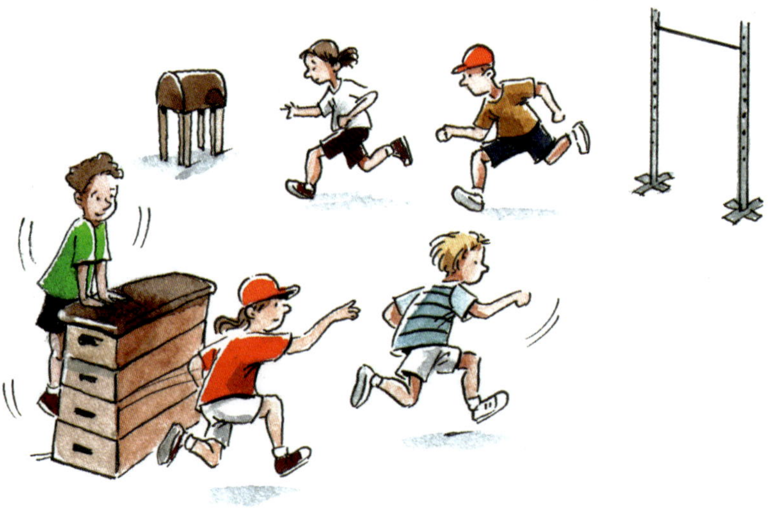

Bälle wechseln

Organisation: Jeder 1 Ball
Material/Medien: Bälle

Inhalt:
Die Spieler prellen ihren Ball und laufen durcheinander. Auf Pfiff legen sie ihren Ball auf dem Boden ab und prellen mit einem anderen Ball weiter.
Hebt der Spielleiter zusätzlich zum Pfiff die Hand, dann muss sofort mit dem eigenen Ball weiter geprellt werden.

Variationen, methodische Hinweise:
- Ball mit dem Fuß führen
- Rückwärts, seitwärts die Bälle führen
- Mit Musik macht es noch mehr Spaß, d. h. bei Musikstopp erfolgt ein Ballwechsel

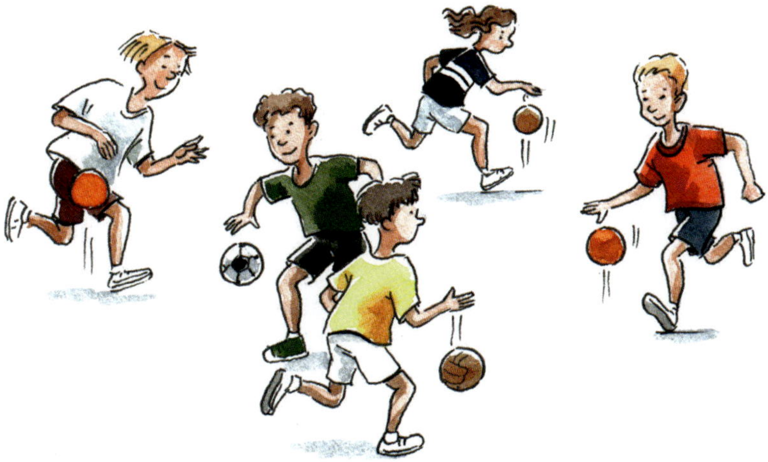

Laufen und Dribbeln

Organisation: Jeder 1 Ball
Material/Medien: Bälle

Inhalt:
Jeder Spieler bewegt sich mit seinem Ball im Raum oder auf einer vorgegebenen Strecke (Platzhälfte quer) und führt folgende Aufgaben aus:
- Dribbling mit der Innen- / Außenseite
- Dribbling mit Richtungs- und Tempoänderungen
- Dribbling mit Finten
- Dribbling nur links / rechts
- Dribbling im 3-er Rhythmus (den Ball 3-mal links, dann 3-mal rechts führen)
- Den Ball jonglieren
- ....

Variationen, methodische Hinweise:
- Laufstrecken variieren
- Auf vorgegebener Bahn geht es leichter, da keine Mitspieler stören
- Jonglieren auf der Stelle auch mit Aufprellen des Balles
- Tempoveränderungen bei allen Übungen einbauen
- Den Ball prellen

Böse Eismaschine

Organisation: Mehrere Fänger („Böse Eismaschinen“) kennzeichnen
Material/Medien: Bänder, Schildmützen, o. ä.

Inhalt:
Die Fänger spielen „Böse Eismaschinen“, die die Mitspieler durch Berühren zu Eissäulen versteinern. Nur die Sonne (Mitspieler) kann durch Umlaufen (eine ganze Runde!) der Eissäule diese wieder befreien.

Variationen, methodische Hinweise:
- Fängerzahl variieren
- Auf Zeit spielen und die versteinerten Spieler notieren, dann Fängerwechsel
- Spielfeldgröße variieren

Springkreis

Organisation: 7–9 Spieler bilden einen Kreis; einen Tennisring an ein Sprungseil / eine Zauberschnur binden; alle Spieler, bis auf den „Seilschwinger“, stellen sich in Kreisform auf
Material/Medien: Tennisringe, Sprungseile

Inhalt:
Der „Seilschwinger“ lässt einen Tennisring knapp über dem Boden kreisen. Die Außenspieler springen rechtzeitig hoch und weichen dem Tennisring aus. Wenn es ein Außenspieler nicht schafft, muss er in die Mitte.

Variationen, methodische Hinweise:
- Wer hängen bleibt, bekommt einen Minuspunkt; erst wer den zweiten, dritten Minuspunkt erhält, muss in die Mitte
- Für jedes erfolgreiche Hochspringen gibt es einen Punkt. Wer 3 schafft, darf entscheiden, ob er in die Mitte will oder lieber weiterspringt

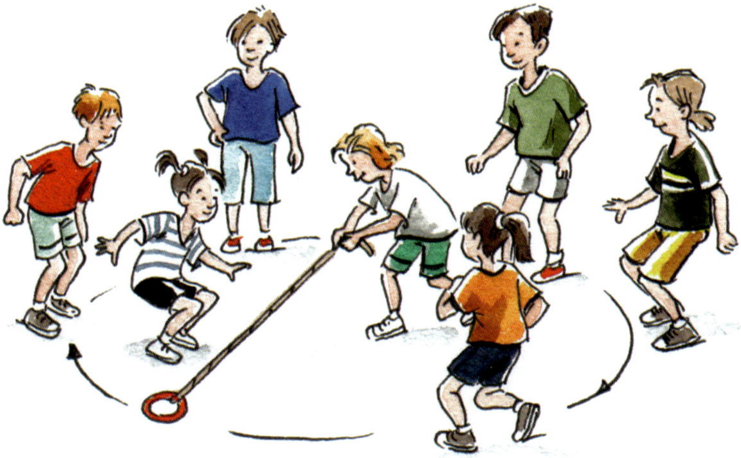

Rettungsboot

Organisation: Pro 5 Spieler eine Matte als Rettungsboot in der Halle auslegen; 1–3 Fänger kennzeichnen
Material/Medien: Matten, Bänder

Inhalt:
Die Fänger schlagen die Mitspieler ab. Diese hängen sich an (Handfassung) und bilden eine Kette. Nur die äußeren Spieler der Kette dürfen abgeschlagen werden.
Sobald eine Kette das fünfte Kettenmitglied abschlägt, rufen diese Spieler „Rettungsboot!“ Sofort lösen sich alle Ketten auf und flüchten sich in die Rettungsboote. In jedes Boot passen aber nur 5 Spieler. Die Spieler, die übrig bleiben, werden in der nächsten Runde zu Fängern.

Variationen, methodische Hinweise:
- Die Anzahl der Rettungsboote errechnet sich aus der Anzahl der Spieler geteilt durch 5 (z. B. 28 : 5 = 5 Boote + 3 Fänger!)
- Insassenzahl verändern
- Länge der Kette variieren
- Statt Matten Reifen, Teppichfliesen o. ä. verwenden

Ball hochspielen

Organisation: Jede(r) 1 Ball
Material/Medien: Fuß-, Volleybälle, ...

Inhalt:
Jeder Spieler hat einen Ball und spielt diesen ohne Unterbrechung hoch.
Mögliche Aufgaben:
- Mit einer Hand hochspielen
- Mit zwei Händen
- Mit dem Knie
- Mit dem Fuß
- Mit dem Oberschenkel
- Mit dem Kopf
- Beliebig

Vor jedem Hochspielen darf / muss der Ball einmal aufprellen.

Variationen, methodische Hinweise:
- Verschiedenartige Bälle verwenden (Material, Größe, Oberflächenbeschaffenheit, ...)
- Höhe verändern
- Wer wird Jonglierkönig?
- Erleichterung: Mit Luftballons oder Badebällen spielen
- Auch in der Bewegung
- Steigerung siehe „Jonglierball“

Prellen im Hütchenwald

Organisation: Halle in zwei Spielfelder einteilen; jeder 1 Ball; Hütchen verteilen
Material/Medien: Hütchen, Bälle

Inhalt:
Die Spieler prellen im Hütchenwald.
Der Trainer gibt Geschwindigkeitsstufen vor: 1. 2. und 3. Gang. Zudem zeigt er drei farbige Schilder mit unterschiedlichen Aufgaben:
- Rot: Sofort anhalten!
- Gelb: Suche sofort ein Hütchen!
- Grün: Felderwechsel

Variationen, methodische Hinweise:
- Ball am Fuß führen
- Nur links oder rechts!
- Signal „Grün“ Ball in die Hand und schnell in das andere Feld!
- Verschiedenartige Bälle einsetzen
- Spielfeldgröße variieren
- Bänder statt Schilder verwenden

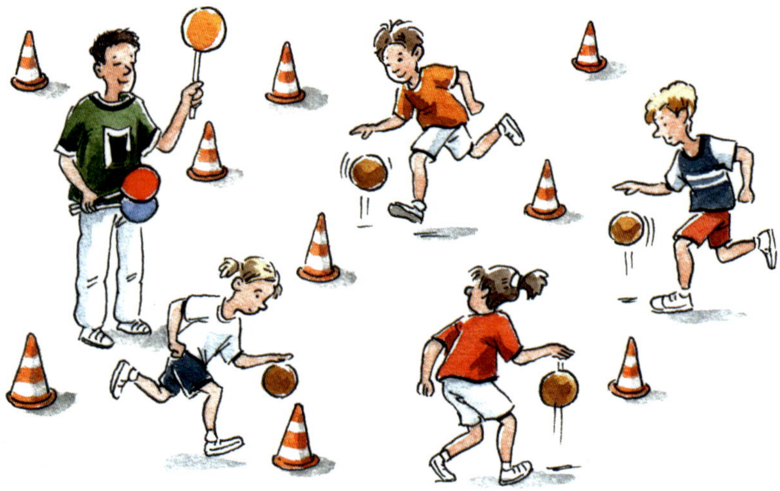

Ball befreit (Rettungsring)

Organisation: 2 Fänger kennzeichnen und zwei Bälle (Tennisringe) austeilen
Material/Medien: Bänder, Bälle, Tennisringe

Inhalt:
Schlagen die Fänger einen Mitspieler ab, dann erfolgt ein Rollentausch. Wird diesem aber der Ball oder ein Tennisring zugespielt, darf er nicht abgeschlagen werden und der Fänger muss einen anderen fangen.

Variationen, methodische Hinweise:
- In zwei Spielfeldern mit jeweils einem Fänger spielen
- Die Zahl der Bälle erhöhen
- Tipps geben („Wann darf ich den Ball nur zuspielen?“, Blickkontakt! ...)

Zick-Zack-Dribbeln

Organisation: Jede(r) hat 1 Ball
Material/Medien: Fuß-, Hand-, Volley-, Softbälle

Inhalt:
Alle Spieler haben einen Ball und dribbeln im Zick-Zack-Kurs:
- vorwärts mit rechts und links
- rückwärts mit rechts und links
- seitwärts

Variationen, methodische Hinweise:
- Tempowechsel
- Verschiedenartige Bälle einsetzen

Ball prellen und Bänder rauben

Organisation: Jede(r) hat 1 Ball und 1 Band
Material/Medien: Bänder, Bälle

Inhalt:
Jeder Spieler hat sich ein Band hinten in die Hose gesteckt, so dass es mindestens zur Hälfte heraushängt. Alle prellen ihren Ball innerhalb des Volleyballfeldes. Dabei darf jede(r) versuchen, von einem anderen das Band zu stehlen.
Wer raubt in 1, 2, 3 Minuten die meisten Bänder?
Wer hat am Spielende noch sein eigenes Band?
Es muss immer ein Band in die Hose gesteckt werden (falls der Spieler Bänder besitzt).
Es müssen alle geraubten Bänder sofort in die Hose gesteckt werden.

Variationen, methodische Hinweise:
- Die Spieler führen den Ball mit dem Fuß
- Unterschiedliche Bälle verwenden
- Feldgröße variieren
- Verschiedene Bandfarben benützen, je nach Farbe gibt es unterschiedlich viele Punkte

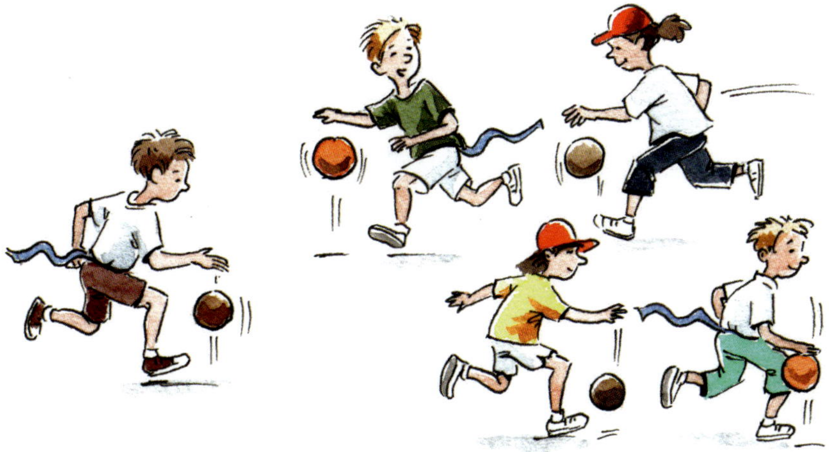

Ball heraus

Organisation: 1 Ball pro Spieler; Spielfeld kennzeichnen; Hütchen aufstellen
Material/Medien: Bälle, Hütchen

Inhalt:
Alle Spieler prellen ihren Ball im vorgegebenen Spielfeld. Mit der freien Hand spielen sie den Mitspielern die Bälle heraus. Gelingt dies, dann muss dieser mit dem Ball um ein Hütchen prellen, bevor er wieder mitspielen darf.

Variationen, methodische Hinweise:
- Mit Punktewertung
- Spielfeldgröße verändern
- Evtl. in mehreren Feldern spielen
- Als Kaiserspiel in mehreren Feldern (wer einen Ball herausspielt, darf ein Feld weiter; wem er heraus gespielt wird, geht eines zurück)
- „Strafaufgaben" variieren (Korbleger, Liegestütz auf dem Ball, ...)
- Hütchen außerhalb des Spielfeldes aufstellen, um das geprellt werden muss

Ballprellen in der Bewegung

Organisation: Jede(r) 1 Ball
Material/Medien: Fuß-, Volleybälle, Gymnastikbälle, etc.

Inhalt:
Jeder Spieler hat einen Ball und führt in der Bewegung folgende Aufgaben aus:
Den Ball mit einer Hand prellen (flach, hoch, links, rechts, links und rechts abwechselnd) bei freier Wahl der Laufwege.
Zusammenstöße vermeiden!

Variationen, methodische Hinweise:
- Verschiedenartige Bälle verwenden (Material, Größe, Oberflächenbeschaffenheit, ...)
- Prellen im Hopserlauf, im Seitengalopp, ...
- Prellen in einem Parcours mit Hindernissen
- Freien Arm kreisen
- Freien Arm auf und ab bewegen

Ball auf Linien spielen

Organisation: Jede(r) 1 Ball
Material/Medien: Fuß-, Volley-, Gymnastikbälle, etc.

Inhalt:
Jeder Spieler transportiert den Ball auf den Spielfeld- oder Hütchenlinien.
Mögliche Aufgaben:
- Dribbeln
- Prellen
- Rollen
- schnell/langsam
- hoch/tief
- vorwärts, rückwärts, seitwärts

Auch mit der anderen Hand bzw. dem anderen Fuß spielen.

Variationen, methodische Hinweise:
- Verschiedenfarbige Linien erfordern unterschiedliche Arten des Rollens, Prellens usw.
- Mit Drehungen um die eigene Achse an Kreuzungen
- Verschiedenartige Bälle verwenden (Material, Größe, Oberflächenbeschaffenheit, ...)

Kommando-Prellen

Organisation: Jede(r) hat 1 Ball
Material/Medien: Bälle, Bänder

Inhalt:
Der Trainer steht vor der Gruppe und gibt die akustischen Signale rechts, links, vor und zurück. Die Spieler prellen mit dem Ball in die angegebene Richtung.

Variationen, methodische Hinweise:
- Der Spielleiter gibt nur Handzeichen!
- Bandfarbe bestimmt Laufrichtung!
- Die Spieler bewegen sich diagonal vorwärts oder rückwärts!
- Den Ball mit dem Fuß führen

Klammernfangen

Organisation: Pro Spieler 1 Wäscheklammer austeilen, die dieser ans T-Shirt klemmt
Material/Medien: Wäscheklammern

Inhalt:
Jeder Spieler „klaut" von den anderen die Wäscheklammern und heftet diese an sein T-Shirt. Wer hat nach 2, 3 Minuten die meisten Klammern?

Variationen, methodische Hinweise:
- Es muss immer nur eine Klammer am T-Shirt befestigt werden und die anderen verbleiben in der Hand
- Je nach Farbe der Klammern gibt es unterschiedlich Punkte
- Spielfeldgröße verändern

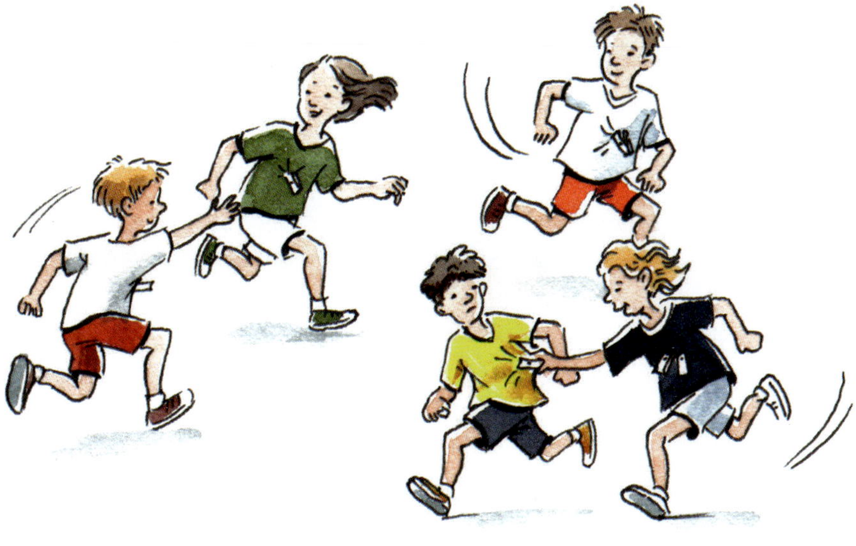

Punktejagd

Organisation: Jede(r) 1 Ball
Material/Medien: Fuß-, Volleybälle, Gymnastikbälle, etc.

Inhalt:
Jeder Spieler hat einen Ball, prellt in der Bewegung und versucht dabei, den eigenen Ball mit dem Körper abzudecken und die Bälle der anderen Spieler mit der Hand wegzuschlagen. Wem dies gelingt, erhält einen Punkt.
Wer erzielt in 2 oder 3 Minuten die meisten Punkte? Wird der eigene Ball weggespielt, dann wird wieder ein Punkt abgezogen.

Variationen, methodische Hinweise:
- Verschiedenartige Bälle verwenden (Material, Größe, Oberflächenbeschaffenheit, ...)
- Spielfeldgröße und Spielerzahl variieren

Mit dem Seil

Organisation: 1 Seil pro Spieler
Material/Medien: Sprungseile

Inhalt:
Alle Spieler laufen und schwingen dabei das Sprungseil. Wer bleibt nicht hängen? Wer kann schneller laufen?
Wer kann rückwärts laufen? Auf Pfiff 20 Sprünge auf der Stelle, dann weiter.

Variationen, methodische Hinweise:
- Auf Pfiff darf jeder beliebige Sprünge ausführen
- Auf Pfiff werden gymnastische Übungen eingebaut

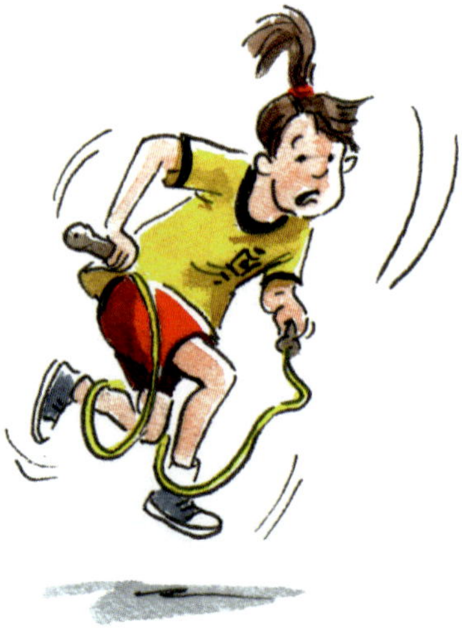

Reifenfußball

Organisation: 1 Ball pro Spieler; rote und blaue Reifen beliebig verteilen (sind die „Inseln"), 3 weniger als Spieler
Material/Medien: Bälle, Reifen

Inhalt:
Die Spieler führen den Ball am Fuß und bewegen sich im Raum um die Reifen. Auf Pfiff besetzen sie eine Insel, indem sie den Ball in den Reifen dribbeln und diesen mit der Fußsohle anhalten. Jede Insel darf nur mit einem Spieler besetzt sein.
Für jedes erfolgreiche Besetzen einer Insel gibt es einen Punkt.
Wer hat nach 10 Runden 5, 6 oder mehr Punkte erreicht?

Variationen, methodische Hinweise:
- Der Ball darf bis zum Pfiff nur mit der Fußsohle geführt werden
- Der Ball muss mit dem Knie / Po im Reifen gestoppt werden
- Nach Pfiff erfolgt ein optisches Signal (rotes oder blaues Band), das die zu besetzenden Inseln vorgibt
- Akustisches Signal

Atomspiel

Organisation: Jeder 1 Ball; Bänke und Hütchen im Raum verteilen
Material/Medien: Bälle, Langbänke, Hütchen

Inhalt:
Die Spieler umdribbeln mit dem Ball am Fuß die Bänke und Hütchen. Auf Pfiff und Anzeigen einer Zahl mit den Fingern, müssen sich die Spieler möglichst schnell in Gruppen zusammenfinden. Die Spieler, die keine Gruppe finden, dribbeln zur gegenüberliegenden Wand, berühren diese mit der Hand und nehmen wieder am Spiel teil.

Variationen, methodische Hinweise:
- Gruppenstärke zurufen
- Mit Punktewertung
- Ohne Geräte
- In der Zweiergruppe mit Zuspiel
- Den Ball prellen

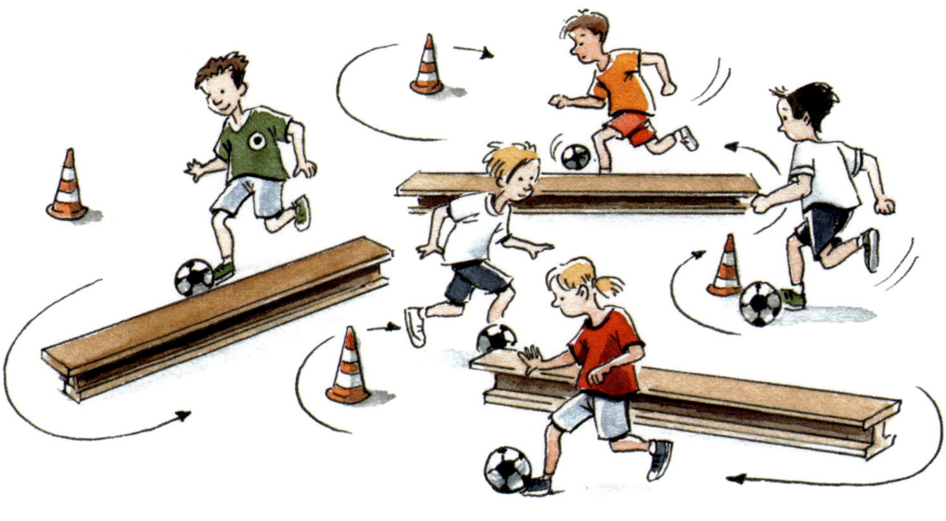

Aufgaben mit zwei Bällen

Organisation: Jede(r) 2 Bälle
Material/Medien: Verschiedene Bälle

Inhalt:
Die Spieler bewegen sich frei im Raum und führen dabei einen Ball mit dem Fuß und prellen den zweiten mit der Hand.

Variationen, methodische Hinweise:
- Spielfeld verkleinern
- Links und rechts Prellen
- Geprellte Bälle mit dem Partner tauschen
- Verschiedenartige Bälle verwenden (oder auch Luftballons)
- Tempo variieren
- Mit einem Ball den zweiten prellen
- Einen Ball zwischen die Beine klemmen und hüpfen, den zweiten Ball prellen
- Hindernisse einbauen
- Zusätzlich die Vielfachen von 3; 5; ... oder unregelmäßige Verben aufsagen.

Ballvermehrung

Organisation: Spielfeld markieren; zu Beginn 1 Ball
Material/Medien: Bälle, Hütchen

Inhalt:
Alle Spieler bewegen sich im Feld und spielen sich zunächst einen Ball zu. Alle 20–30 Sekunden wird vom Spielleiter ein weiterer Ball ins Spiel gebracht, bis die Ballanzahl ca. 2/3 der Spieler beträgt.

Variationen, methodische Hinweise:
- Feldgröße verändern
- Blickkontakt mit dem Anzuspielenden aufnehmen
- Anzahl der Ballkontakte begrenzen
- Verschiedene Bälle (klein, groß, ...) einsetzen

Dreifelderball

Organisation: Drei Felder markieren; jeder 1 Ball
Material/Medien: Hütchen, Bälle

Inhalt:
Jeder Spieler führt seinen Ball am Fuß in Feld 1. Auf Pfiff wechseln alle Spieler möglichst schnell ins Feld 2 und jonglieren (mit oder ohne Bodenkontakt) dort den Ball. Beim nächsten Pfiff wechseln alle ins Feld 3 und führen dort vorgegebene oder selbstgewählte Finten aus. Beim nächsten Pfiff wechseln alle wieder ins Feld 1.

Variationen, methodische Hinweise:
- Wechsel ohne Ball (dieser bleibt im Feld)
- Drei Gruppen bilden und jede beginnt in einem Feld (weniger Spieler pro Feld!)
- Bälle bleiben im Feld und nur die Spieler sprinten zum nächsten Feld
- Feldgröße verändern
- Aufgaben in den Feldern variieren
- Den Ball mit der Hand spielen

Dribbeln mit Kunststücken

Organisation: Jede(r) 1 Ball
Material/Medien: Verschiedene Bälle

Inhalt:
Die Spieler dribbeln mit dem Ball frei im Feld. Auf ein bestimmtes Signal stoppen sie den Ball führen verschiedene „Kunststücke“ aus. Danach wird weitergedribbelt.
Beispiele:
- Den Ball mit den Innenseiten einklemmen, hochspielen und auffangen.
- Den Ball hinter dem Rücken hochspielen, drehen und schnell fangen.
- Ball mit der Sohle zum Körper ziehen, mit Spann hochspielen und auffangen.

Variationen, methodische Hinweise:

Wichtig: Beidfüßigkeit!

- Verschiedene Bälle
- Mit Musik
- Den hochgespielten Ball einmal aufprellen lassen
- Wer hat nach dem Signal den Ball zuerst aufgenommen? (Wettkampf)

Zweiball

Organisation: Jede(r) 2 Bälle
Material/Medien: Fuß-, Hand-, Volley-, Softbälle echt

Inhalt:
Einen Ball, ständig in der Bewegung, mit einer Hand hochwerfen und fangen sowie einen zweiten Ball mit der anderen Hand auf den Boden prellen

Variationen, methodische Hinweise:
- Tempo variieren
- Verschiedene Bälle benutzen (z. B. einen Tennisball, einen Gymnastikball)
- Ballwechsel mit einem Partner
- Beide Bälle synchron oder im Wechsel prellen

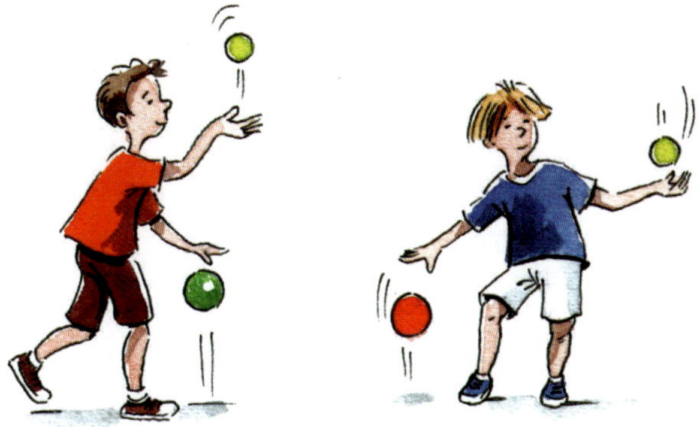

Zombie

Organisation: Ein kleines Spielfeld mit Langbänken abgrenzen
Material/Medien: Supersoftball, Softrugby-Ei, Softball

Inhalt:
Jeder, der den Ball hat, darf einen anderen abwerfen. Wer getroffen ist, geht auf die Langbank und merkt sich den Schützen. Wird der Schütze getroffen, dann darf er wieder mitspielen.
Mit dem Ball maximal 3 Schritte laufen.

Variationen, methodische Hinweise:
- Ideal für viele Spieler in kleinem Raum
- Wird das Laufen verboten, erhöht sich das Spieltempo!
- Wird der Ball gefangen, dann muss der Werfer auf die Bank
- Weiche Wurfgeräte verwenden!

Über Matten

Organisation: Mehrere Mattenbahnen mit je 3–4 Matten auslegen; Abstand ca. 30 cm
Material/Medien: Matten

Inhalt:
Die Spieler bewegen sich im Raum und überlaufen möglichst oft die Mattenbahnen mit folgenden
Aufgaben:
- Pro Matte 2 Kontakte
- Pro Matte 2 Kontakte und auf der nächsten Matte wieder auf dem Sprungbein landen (z. B. re – li –li – re – re – li ...)
- Auf jeder Matte 6 Kontakte
- usw.

Variationen, methodische Hinweise:
- Mattenanstände variieren
- Mit Musik macht es noch mehr Spaß
- Kontaktzahl verändern
- Jede 2. Matte liegt quer
- Alle Matten liegen quer
- Mattenabstände im Wechsel vergrößern oder verkleinern (großer Abstand – kleiner Abstand – kleiner Abstand – mittlerer Abstand – großer Abstand ...)

Rollbrettfangen

Organisation: Jeder 1 Rollbrett; 2–4 Fänger kennzeichnen
Material/Medien: Rollbretter, Bänder, Schildmützen

Inhalt:
Alle fahren in Bauchlage mit dem Rollbrett. Es darf nur mit den Händen angeschoben werden. Wer abgeschlagen wird, ist neuer Fänger!

Variationen, methodische Hinweise:
- Technik des Rollbrettfahrens zuerst üben (weit außen mit den Händen schieben)
- Zusammenstöße sind verboten!

Nur für kleine Gruppen (max. 15 Spieler) geeignet.

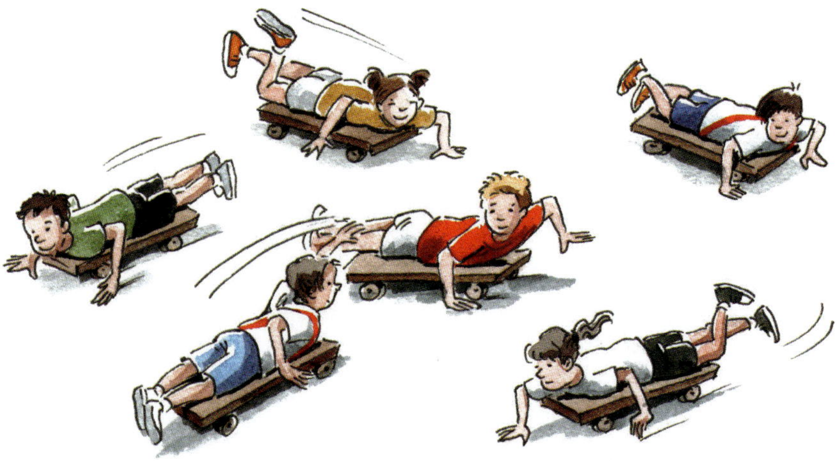

Jonglierball

Organisation: Jeder 1 Ball
Material/Medien: Bälle

Inhalt:
Die Spieler **bewegen** sich im Raum und jonglieren einen Ball:
- auf einem Unterarm
- beidarmig
- Ball hochwerfen und Ball wieder mit den Unterarmen auffangen
- Ball hochwerfen, in die Hände klatschen, Ball wieder mit den Unterarmen auffangen
- auf den Unterarmen und laufen kleine und große Kreise, spielen mit dem Tempo, laufen vor und rückwärts, ...

Variationen, methodische Hinweise:
- Verschiedene Bälle verwenden
- Spielfeld begrenzen
- Auf Pfiff Ballwechsel
- Um Hindernisse (aufgebaute Geräte) laufen
- Steigerung von „Ball hochspielen"

Dribbling im Feld

Organisation: Jeder 1 Ball, mehrere Felder kennzeichnen, die Spieler auf die Felder verteilen
Material/Medien: Bälle, Hütchen

Inhalt:
Alle Spieler dribbeln in ihrem Feld.
Auf Pfiff wechseln die Spieler mit ihrem Ball ins nächste Feld.
Spielleiter gibt
- Spielbein
- Wechselrichtung (Uhrzeigersinn, übernächstes Feld, ...)
- Finten
- ...

vor.

Variationen, methodische Hinweise:
- Wechsel ohne Ball (dieser bleibt im Feld)
- Pro Feld ein Ball weniger; wer keinen Ball hat, erkämpft sich einen
- Im Feld wird mit dem „schwächeren" Bein gedribbelt
- Den Ball prellen

Laufen im Hütchenwald

Organisation: Viele Hütchen beliebig im Spielfeld / Hallendrittel verteilen
Material/Medien: Hütchen

Inhalt:
Alle Spieler bewegen sich im Hütchenwald mit folgenden Aufgaben:
- Vorwärts
- Rückwärts
- Hopserlauf
- Anfersen
- Jedes Hütchen muss einmal umlaufen (ganze Umrundung) werden
- Jedes 2. Hütchen wird umlaufen
- Wir laufen Achter immer um zwei Hütchen
- usw.

Variationen, methodische Hinweise:
- Mit Musik
- Zwei Hütchenfarben bzw. jedes zweite mit einem Band kennzeichnen: Nur die gelben / mit Band umlaufen
- Als Wettbewerb für die letzten Aufgaben: Für jede Aufgabenerfüllung erhält der Spieler einen Punkt. Wie viele hat er nach 2 Minuten?
- Nicht auf Zeit, sondern auf Anzahl! („Wer hat zuerst 10 Mal erfolgreich die Aufgabe gelöst?“)

Rettungsspieler

Organisation: 1 Fänger bestimmen und kennzeichnen
Material/Medien: Band, Schildmütze

Inhalt:
Der Fänger schlägt einen Mitspieler ab, der dann zum neuen Fänger wird. Der Gejagte kann sich dadurch retten, dass er einem anderen Mitspieler auf die Arme springt („Braut tragen“).

Variationen, methodische Hinweise:
- Mit zwei Fängern beginnen
- Rettungsinsel: Huckepacksprung

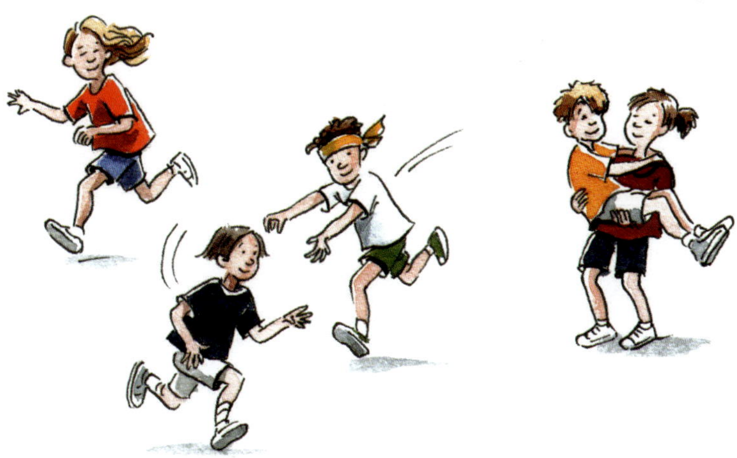

Kettentick

Organisation: 1 Fänger bestimmen und mit Band kennzeichnen
Material/Medien: Band

Inhalt:
Der Fänger tickt einen Mitspieler ab. Beide halten sich an den Händen und fangen zu zweit weiter, dann zu dritt usw. Je länger die Fängerkette wird, desto unbeweglicher wird diese. Es dürfen nur die Kettenenden ticken, so kann man sich durch die Kette hindurchmogeln.
Welche 2, 3 Spieler bleiben übrig?

Variationen, methodische Hinweise:
- Die Kette wird nach 4, 6, 8 Kettenmitgliedern in zwei Teilketten getrennt

Zoospiel

Organisation: –
Material/Medien: –

Inhalt:
Die Spieler bewegen sich nach Vorgabe im Raum.
Wir sind alle
- Affen
- Elefanten
- Schlangen
- Tiger
- Gazellen
- Katzen
- Vögel
- usw.

Variationen, methodische Hinweise:
- Nicht der Übungsleiter, sondern ein Spieler gibt die nächste Tierart vor
- Tierbilder werden hochgehalten
- Tierlaute werden vorgemacht

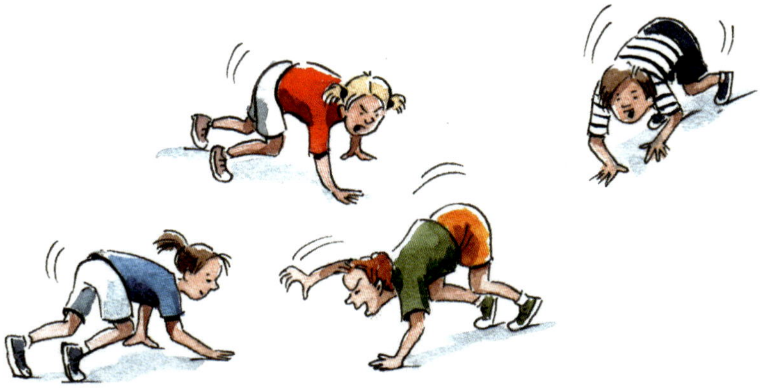

Abtupfball

Organisation: 2–4 „Fänger“ mit Ball kennzeichnen
Material/Medien: 2–4 verschiedenartige Bälle (Softball, Medizinball, Fußball, ...)

Inhalt:
Jeder Ballträger versucht so schnell wie möglich, einen anderen Spieler, der keinen Ball trägt, abzutupfen (Berührung mit dem Ball). Dieser ist nun neuer Fänger. Wenn der Spielleiter pfeift, bekommt derjenige, der gerade keinen Ball hat, einen Pluspunkt.
Wer besitzt zum Schluss die meisten Punkte?

Variationen, methodische Hinweise:
- Es darf nicht geworfen werden!
- Ruhig „pädagogisch“ pfeifen, damit nicht immer dieselben Spieler Pluspunkte erhalten
- Spieldauer variieren
- Ideal: Musik einsetzen, wobei die kurzen, eingespielten Pausen die Punktewertung bedeuten
- Mit Medizinbällen verbessern wir gleichzeitig die Kraft
- Abtupfen nur an festgelegten Körperteilen
- Spielfeldgröße variieren

Bewegen und Konzentrieren

Organisation: Jeder ein Ball; alle Spieler stellen sich mit Ball am Fuß auf einer Linie oder auf Linien hintereinander auf
Material/Medien: Bälle

Inhalt:
Die Spieler bewegen sich mit Ball entsprechend den Anweisungen des Spielleiters.
Folgende Anweisungen und Bewegungsausführungen sind denkbar:
1. Wortansage (links, rechts, vor, zurück)
2. Zahlansage (1 = links, 2 = rechts, 3 = vor, 4 = zurück)
3. wie 1., aber der Ball muss mit dem gegengleichen Fuß geführt werden
4. wie 2., aber der Ball muss mit dem gegengleichen Fuß geführt werden

Variationen, methodische Hinweise:
- Namen statt den Zahlen verwenden (Fußball o. ä. = 1, Handball = 2, ...)
- Optische Signale (Zahlentafeln o. ä.) einsetzen („Blick weg vom Boden“)
- Bälle prellen

Prellen mit Abklatschen

Organisation: 3–5 Fänger kennzeichnen
Material/Medien: Jeder einen Ball, Bänder

Inhalt:
Alle Spieler prellen einen Ball und bewegen sich im Feld. Die Fänger, die ebenfalls einen Ball prellen, berühren einen anderen mit der freien Hand.
Dieser bleibt dann im Grätschstand stehen und hält den Ball mit beiden Händen hoch. Prellt ein anderer den Ball durch die gegrätschten Beine, darf er wieder mitspielen.
Spielzeit 2–4 Minuten.
Welche Fängergruppe kann alle „versteinern"?

Variationen, methodische Hinweise:
- Dasselbe mit Führen des Balles mit dem Fuß. Abgeschlagene warten ebenfalls im Grätschstand und stellen einen Fuß auf den Ball; Befreiung dadurch, dass der Ball durch die gegrätschten Beine gespielt wird
- Die Fänger tragen den Ball und tupfen nur ab (nicht werfen!)
- Spielfeldgröße verändern

Je leichter die Aufgabe, desto weniger Fänger einteilen!

Jägerfußball

Organisation: Drei Jäger kennzeichnen
Material/Medien: 3 Bänder oder Schildmützen, Bälle – evtl. drei mit einer anderen Farbe

Inhalt:
Die drei Jäger, die ebenso wie die anderen Teilnehmer einen Ball führen, versuchen den Ball eines Hasen zu treffen. Gelingt dies, erfolgt ein Rollentausch.

Variationen, methodische Hinweise:
- Wessen Ball getroffen wird, holt sich einen Ball und wird ebenfalls zum Jäger. Welche drei/vier Hasen bleiben übrig? Diese beginnen dann den zweiten Durchgang und getroffene Hasen geben ihr Band ab
- Verschiedene Bälle einsetzen
- Auf Zeit durchführen

Gerupftes Huhn

Organisation: Tesakreppstreifen, Wäscheklammern (so viele wie Spieler) dem Huhn anheften
Material/Medien: Tesakreppstreifen, Wäscheklammern

Inhalt:
Alle Spieler bewegen sich im Raum. Auf das Signal des Spielleiters versuchen die Mitspieler, einen Tesakreppstreifen / eine Wäscheklammer vom Huhn zu rupfen. Wem beim Rupfversuch auf die Finger geschlagen wird, erstarrt zu Stein. Gibt es am Ende mehr versteinerte Spieler oder ausgerupfte Federn?

Variationen, methodische Hinweise:
- Mit mehreren Hühnern spielen
- Es dürfen auch mehrere Kreppstreifen gesammelt werden. Wer aber dann versteinert wird, muss alle Streifen wieder abgeben

Über Hindernisse

Organisation: Evtl. Kreisaufstellung
Material/Medien: –

Inhalt:
Alle Spieler stellen sich frei im Raum oder im Kreis auf. Auf „Los“ laufen alle auf der Stelle, bei „hopp“ müssen sie über ein (imaginäres) Hindernis springen, bei „upps“ unter einem Hindernis hindurchkriechen.
Es geht über 1.000, 2.000 Meter. Der Spielleiter gibt die abgelaufene Zeit oder die Restzeit an. Am Schluss Zielsprint und Siegesjubel.

Variationen, methodische Hinweise:
- Große Uhr mitlaufen lassen
- Mit Musik
- Mitspieler übernimmt die Leitung und gibt die Kommandos
- Mit verschiedenen Gängen / Tempi spielen

Prellfänger

Organisation: 3–5 Fänger mit je 1 Ball
Material/Medien: Bälle

Inhalt:
Die Fänger prellen den Ball mit einer Hand und schlagen mit der anderen Hand einen Spieler ohne Ball ab. Dieser holt sich beim Spielleiter einen Ball und wird ebenfalls zum Fänger. Welche 2, 3 Spieler bleiben übrig?

Wichtig: Es darf nur abgeschlagen werden, wenn der eigene Ball noch kontrolliert geprellt wird.

Variationen, methodische Hinweise:
- 3 Bälle weniger als Spieler bereit legen, so sind die Sieger leicht festzustellen
- Verschiedene Bälle verwenden
- Alle Spieler haben Bälle und die Fänger Bälle mit anderer Farbe oder andere Art (Basketbälle etc.). Bei Abschlag werden die Bälle und die Aufgaben getauscht
- Ball mit dem Fuß führen

Blitzschlag

Organisation: Jeder 1 Ball
Material/Medien: Bälle

Inhalt:
Die Spieler prellen ihren Ball und laufen durcheinander. Auf Pfiff des Spielleiters bleiben sie wie „vom Blitz getroffen" stehen. Beim nächsten Pfiff des Spielleiters wird weitergeprellt.

Variationen, methodische Hinweise:
- Nach dem Pfiff eine andere Aufgabe (hinsetzen, hinlegen etc.) verlangen
- Zwei kurze Pfiffe nacheinander erfordern ein Absitzen, nur ein Pfiff die Grundaufgabe
- Verschiedene Bälle verwenden
- Den Ball mit dem Fuß führen
- Pfiffintervalle variieren

Bärenfangen

Organisation: 2–4 Spieler als Fänger (Bären) kennzeichnen; in einer Ecke des Spielfeldes mit einer Langbank eine Bärenhöhle markieren
Material/Medien: Bänder; 1 Langbank

Inhalt:
Die Bären fangen Mitspieler und führen diese in die Bärenhöhle. Gefangene können aber durch Abschlagen der aus der Bärenhöhle gestreckten Hand von freien Spielern befreit werden.
Können die Bären alle Spieler in der vorgegebenen Zeit einfangen?
Fänger nach jeder Spielrunde austauschen!

Variationen, methodische Hinweise:
- Als Gruppenwettkampf: Bei welcher Gruppe sind nach 2 Minuten die meisten Bären in der Höhle?
- 2 Bärenhöhlen kennzeichnen und die Zahl der Fänger entsprechend verändern
- Als Wettkampf von 2 gleich starken Gruppen Welche Gruppe kann schneller alle Spieler in die Höhlen bringen?

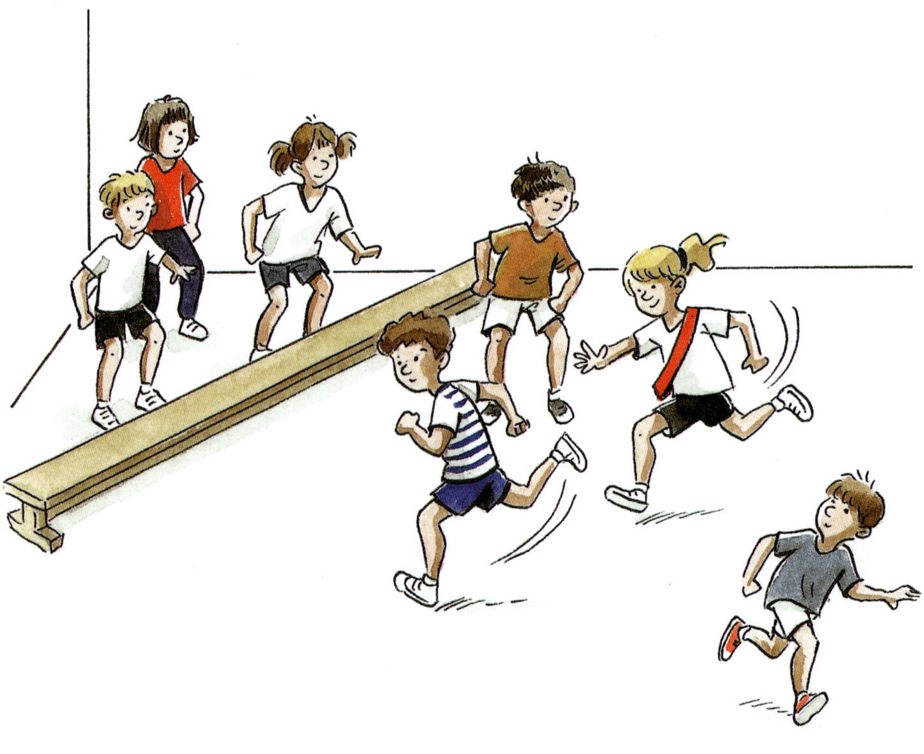

Rettungsinsel

Organisation: Jeder 1 Ball; Mit je 4 Markierungskegel einer Farbe fünf Rettungsinseln (ca. 1 x 1 m) markieren; alternativ: Matten auslegen
Material/Medien: Bälle; Markierungskegel (Matten)

Inhalt:
Die Spieler dribbeln mit dem Ball am Fuß frei im Spielfeld. Auf Pfiff des Spielleiters dribbeln diese schnell zu einer „Rettungsinsel", die aber maximal 3 Spieler aufnehmen kann. Jeder Spieler, der sich auf eine „Rettungsinsel" retten kann, erhält einen Punkt.
Wer erreicht bis zum Abpfiff die meisten Punkte?

Variationen, methodische Hinweise:
- Die Anzahl der „Rettungsinseln" und der aufnehmenden Spielerzahl verändern
- Die gleiche „Rettungsinsel" darf nicht zweimal hintereinander von demselben Spieler besetzt werden
- Reifen als „Rettungsinseln" verwenden!
- Bälle prellen

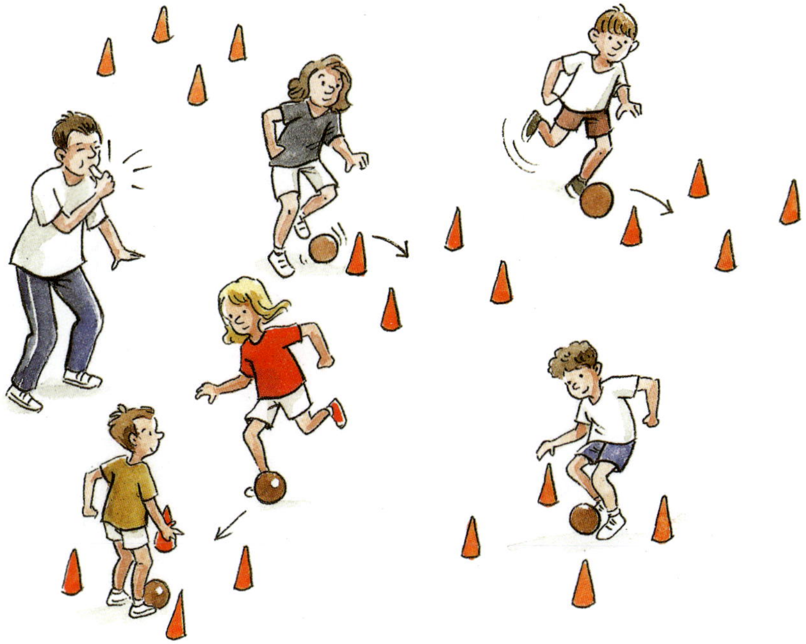

Seiltreten

Organisation: Jeder 1 Sprungseil
Material/Medien: Seile

Inhalt:
Die Spieler laufen mit dem Seil an der Hand.
Wer kann mit dem Fuß auf das Seil eines anderen Spielers treten?
Für jeden erfolgreichen Versuch gibt es 1 Punkt.
Wer hat nach 2; 3 Minuten die meisten Punkte?

Variationen, methodische Hinweise:
- Wer hat zuerst 10 Punkte erreicht?
- Jedes Mal, wenn auf das eigene Seil getreten wird, muss 1 Punkt von seinem Konto abgezogen werden
- Wenn das Seil in Schlangenlinie bewegt wird, können die Mitspieler nicht so leicht einen Punkt erzielen
- Das Seil in die Hose stecken

Spinnenkampf

Organisation: Alle Spieler bewegen sich im Spinnengang (Vierfüßlergang – Bauch zeigt zur Decke, Po darf den Boden nicht berühren)
Material/Medien: keine

Inhalt:
Die Spieler bewegen sich im Spielfeld und kämpfen gegen die anderen Spinnen. Schafft es eine oder mehrere Spinnen eine andere Spinne durch Ziehen an Armen und/oder Beinen aus dem Gleichgewicht zu bringen und diese berührt mit dem Po den Boden, dann erhalten die am Kampf beteiligten Angreifer-Spinnen je einen Punkt.
Wer erreicht bis zum Abpfiff die meisten Punkte?

Variationen, methodische Hinweise:
- Es darf nur an Armen und Beinen gezogen werden
- Es dürfen beliebig viele Spinnen gleichzeitig angreifen
- Ein Spielfeld abgrenzen
- Mit mehreren Gruppen in mehreren Spielfeldern spielen
- Wer auf dem Po landet, muss das Spielfeld verlassen und darf erst nach der Erledigung einer Zusatzaufgabe (um das Spielfeld krabbeln etc.) wieder teilnehmen
- K.O.-Turnier: Wer wird „Spinnenkönigin“ in jedem Feld?
- Evtl. anschließend Kampf der „Superspinnen“

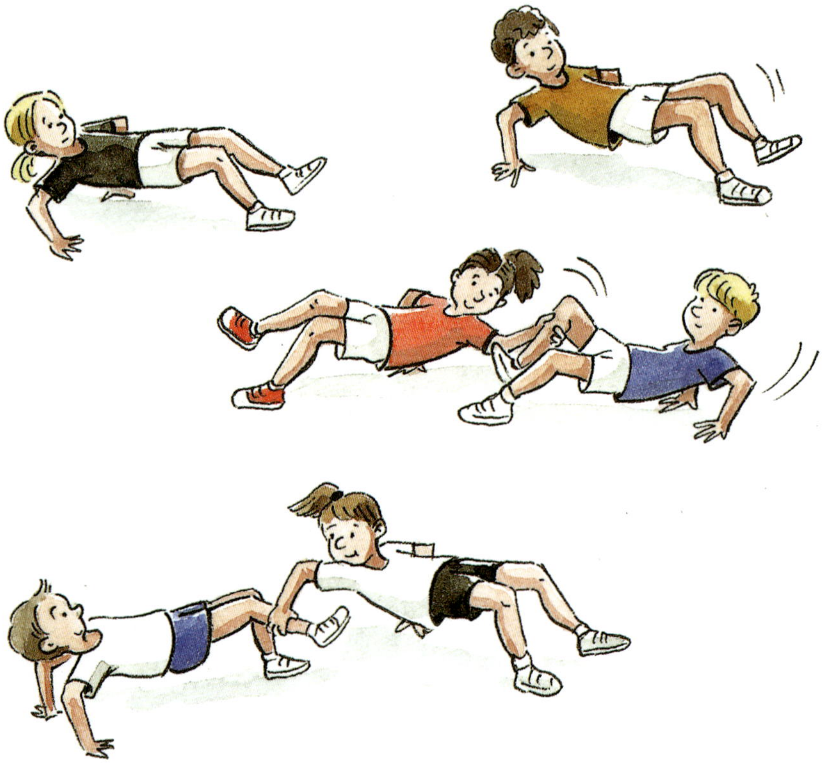

Partnergalopp

Organisation: Zweiergruppen bilden
Material/Medien: keine

Inhalt:
Die Partner „galoppieren“ mit verschiedenen Halteaufgaben durch die Halle:
- Handfassung
- Schulterfassung
- Rücken an Rücken mit eingehängten Armen
- Seite an Seite und Handfassung unter den inneren hochgehaltenen Beinen

Der Wechsel erfolgt nach Pfiff und neuer Ansage durch den Spielleiter.

Variationen, methodische Hinweise:
- Zeit zum Ausprobieren lassen
- Jede Aufgabe mindestens zweimal im Wechsel verlangen
- Musik einsetzen

Marionettengang

Organisation: Zweiergruppen bilden
Material/Medien: keine

Inhalt:
Der Marionettenführer steht hinter der Marionette und steuert diese durch Schulterklopfen.
Dabei sind folgende Vereinbarungen denkbar:
- **Links klopfen** = Linkskurve ausführen
- **Links schnell klopfen** = enge Kurve ausführen
- **Rechts klopfen** = Rechtskurve
- **Mit beiden Händen** = geradeaus bewegen
- **Schnell – langsam** = gibt das Tempo vor

Nach 2 Minuten wird die Aufgabe gewechselt. Mehrere Durchgänge spielen.

Variationen, methodische Hinweise:
- Musik verwenden
- Der Marionette die Augen verbinden

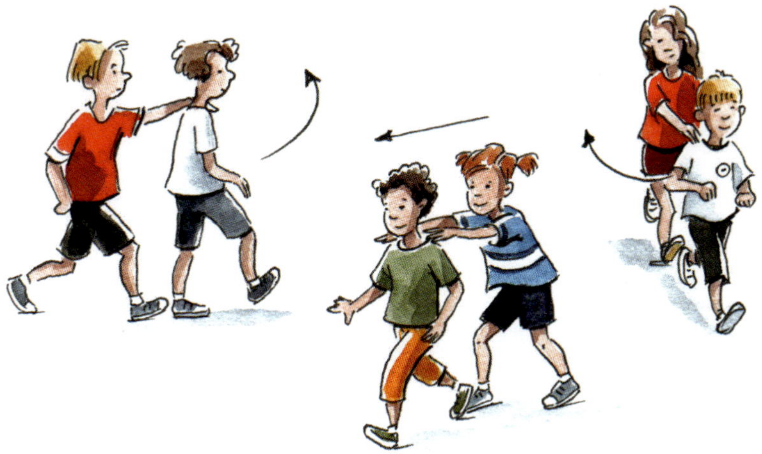

Schattenlaufen

Organisation: Zweiergruppen bilden
Material/Medien: –

Inhalt:
Die Spieler laufen paarweise hintereinander, wobei immer der Vordermann die Bewegung vorgibt, der andere macht diese nach.
Nach 2 Minuten Aufgabenwechsel.
Mindestens 2 Durchgänge spielen.

Variationen, methodische Hinweise:
- Mit Musik
- Als Spiegellaufen (Hintermann führt die Aufgaben spiegelbildlich aus)

Paarfangen

Organisation: Zweiergruppen bilden;
2 Paare als Fänger kennzeichnen
Material/Medien: Bänder

Inhalt:
Alle Paare fassen sich an den Händen und laufen durch die Halle. Die Fängerpaare schlagen die anderen Paare ab. Gelingt dies, dann erfolgt ein Rollentausch.
Löst ein Paar die Handfassung, dann gilt dies als gefangen. Die Fängerpaare dürfen nur mit Handfassung abschlagen.

Variationen, methodische Hinweise:
- Handfassung mit Tennisringen

Paarfangen mit Gymnastikaufgaben

Organisation: Paare einteilen
Material/Medien: –

Inhalt:
A fängt B. Wenn ihm der Abschlag gelingt, wechseln Fänger und Gejagter. B kann sich dem Abschlag entziehen, indem er plötzlich seinen Lauf unterbricht und eine Gymnastikaufgabe vorführt, die A dann so lange nachvollzieht, bis B wieder weiterläuft. Die Gymnastikphase dient auch gleichzeitig als Erholungspause.

Variationen, methodische Hinweise:
- Paarspieler tauschen
- Paare nach Leistungsvermögen zusammenstellen

Schattenspiel

Organisation: Jede(r) 1 Ball
Material/Medien: Bälle und Hütchen

Inhalt:
1. A gibt zunächst mit dem Ball am Fuß die Richtung (rechts, links, vor und zurück) vor.
   Der Spieler B ist das Schattenbild. Danach wird gewechselt.
2. Die Richtungen bleiben wie vorher, aber A variiert die Art des Ballführens (Ball rollen, dribbeln oder prellen)

Variationen, methodische Hinweise:
Wichtig:
- Vom Langsamen zum Schnellen
- Vom Einfachen zum Komplexen

Variationen:
- Unterschiedliche Bälle
- Bewegungen werden weiter variiert: Prellen in der Hocke, rückwärts den Ball mit der Sohle mitnehmen, etc.

Polizei – Dieb

Organisation: Beide Partner stellen sich gegenüber an einer Linie auf; pro Paar ein Band; Ziellinien bestimmen oder markieren
Material/Medien: Bänder

Inhalt:
Der Dieb legt sein Band auf die Mittellinie, der Polizist geht 4 Fußlängen zurück. Sobald der Dieb das Band schnappt, darf der Polizist loslaufen und den Dieb fangen. Schlägt er diesen vor der Ziellinie (z. B. Volleyballauslinie) ab, erhält er einen Punkt, ansonsten erhält diesen der Dieb. Aufgabenwechsel! Mehrere Durchgänge spielen.

Variationen, methodische Hinweise:
- Beliebiger Spieler greift das Band und wird so zum Dieb
- Laufstreckenlänge und Startabstand verändern
- Partner austauschen
- Nicht gegen die Wand laufen lassen (Verletzungsgefahr!)

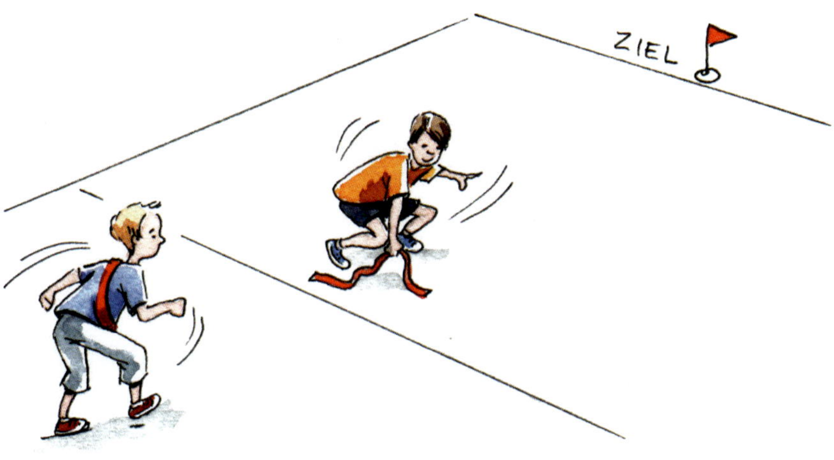

Schattenprellen

Organisation: Jeder 1 Ball
Material/Medien: Fuß-, Hand-, Basketball, etc.

Inhalt:
Zwei Spieler prellen den Ball hintereinander erst im Gehen, später auch im Laufen. Sie sollen versuchen, zusammen zu bleiben und Zusammenstöße mit anderen Paaren zu vermeiden.

Variationen, methodische Hinweise:
- Übung mit dem Fuß ausführen
  Nach bestimmter Zeit Führungswechsel
- Verschiedene Bälle einsetzen
- Geräteparcours (Hindernisse) aufbauen
- Händchen haltend
- beide Spieler mit einem Seil verbinden

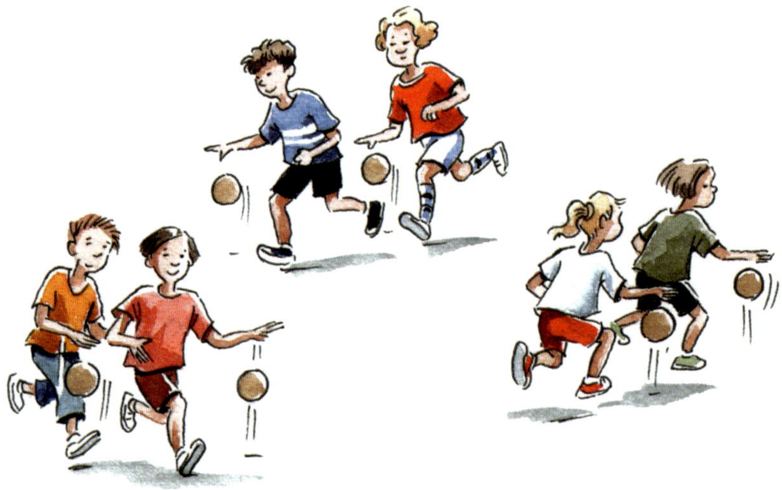

Viele Tore

Organisation: Pro Paar 1 Ball; sechs 2 m breite Tore beliebig aufbauen (3 gelbe und 3 rote!)
Material/Medien: Bälle, Hütchen

Inhalt:
Die Paare spielen sich den Ball in der Bewegung mit dem Fuß zu. Für jeden Pass durch ein Tor erhält das Paar einen Punkt. Dabei darf das gleiche Tor erst dann wieder miteinbezogen werden, wenn an zwei anderen Toren ein Punkt erzielt wurde.
Welches Paar hat nach drei Minuten die meisten Punkte?
Welches Paar erreicht zuerst 10 Punkte?

Variationen, methodische Hinweise:
- Torgröße verändern
- Anzahl der Tore erhöhen
- Nur mit zwei Kontakten spielen
- Nur direktes Spiel erlauben
- Nach jedem gelben Tor muss durch ein rotes Tor gespielt werden
- Tore mit Torhütern besetzen

Keulen- oder Hütchenball

Organisation: Pro Paar 1 Ball und ein Hütchen / Keule
Material/Medien: Bälle, Hütchen, Keulen

Inhalt:
Jedes Paar stellt eine Keule oder Hütchen auf, verteidigt das eigene und versucht, andere Keulen oder Hütchen umzuschießen. Paare ohne Keule oder Hütchen spielen weiter mit, bis die letzte Keule umgeschossen ist.
Welche drei Hütchen stehen am längsten?

Variationen, methodische Hinweise:
- Abschusstechnik vorgeben (z. B. Innenseitstoß)
- Wettbewerb auf Zeit
- Schießt ein Paar eine Keule um, darf es die eigene wieder aufstellen. Bei welchem Paar steht beim Abpfiff noch die Keule?

Paarläufe

Organisation: Eine große Runde kennzeichnen; jeder 1 Ball
Material/Medien: Hütchen, Bälle

Inhalt:
Die Spieler laufen paarweise um den Rundkurs und führen dabei den Ball. Nach zwei Runden und Wechseln der Laufposition wird bei den nächsten beiden Runden der Ball auf der Geraden nur links bzw. rechts geführt. Bei den nächsten Runden muss auf Pfiff immer eine ganze Umdrehung ausgeführt werden oder der Ball zuerst hochgeworfen und gestoppt werden, bevor weitergedribbelt wird.

Variationen, methodische Hinweise:
- Pro Paar ein Ball, der in der Bewegung immer zugepasst wird
- Ohne Ball und auf Pfiff von hinten nach vorne außen oder im Slalom überholen

Zuspiele in der 2-er Gruppe

Organisation: Pro Paar 1 Ball
Material/Medien: Bälle

Inhalt:
Die Paare spielen sich den Ball in der Bewegung wie folgt zu:
- Freies Zuspiel
- Zusammenspiel mit eingefügten Ballübergaben
- Zusammenspiel mit kurzen Antritten über 5 Meter nach der Ballabgabe
- Die Paare laufen hintereinander, wobei der vordere Spieler den Ball dribbelt. Nach einigen Metern tritt der Vordermann auf den Ball und läuft weiter, der Hintermann übernimmt den Ball und spurtet mit dem Ball am Vordermann vorbei nach vorne und führt in langsamen Tempo den Ball, bevor er auf den Ball tritt, usw.
- Flugbälle zuspielen
- Direktspiel
- Zuspiel erst nach Ballfordern (Antritt des Spielers ohne Ball)

Variationen, methodische Hinweise:
- Tempo variieren
- Spielfeldgröße verändern

Ball weg!

Organisation: Jeder 1 Ball; paarweise zusammengehen
Material/Medien: Fuß-, Hand-, Basketball, etc.

Inhalt:
Spieler A und B prellen fortwährend im freien Raum, gehen aufeinander zu und versuchen, den Ball des Partners herauszuspielen.
Gelingt dies, dann erhält der Spieler einen Punkt.
Wer hat nach 2, 3, 4 Minuten die meisten Punkte erreicht?

Variationen, methodische Hinweise:
- Spielraum variieren (vergrößern – verkleinern), damit kein „Prellwettrennen“ entsteht
- Verschiedene Bälle einsetzen

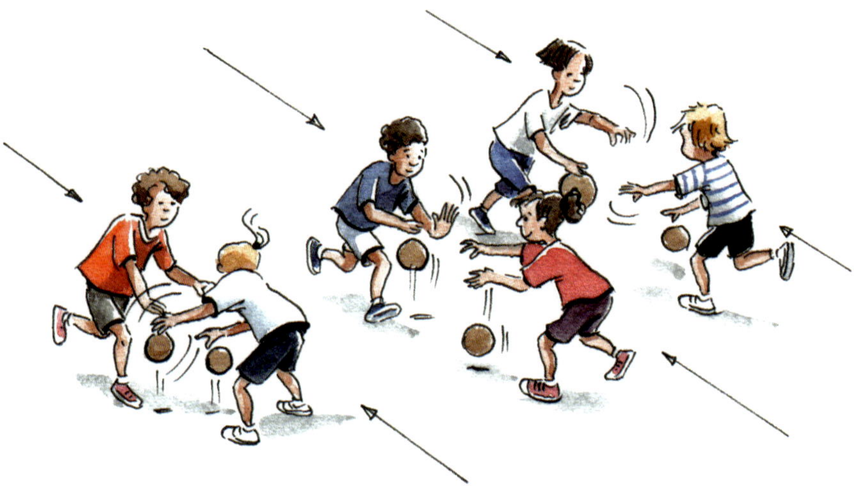

Ballwechsel

Organisation: Jeder 1 Ball; in der Halle sind viele Hütchen verteilt; Paare bilden
Material/Medien: Hütchen und Bälle

Inhalt:
Alle Spieler dribbeln durch den Hütchendschungel. Auf das Signal des Trainers oder Musik „Stopp“ erfolgt der Ballwechsel, indem A und B aufeinander zu dribbeln und sich den Ball übergeben.
Weitere Wechselmöglichkeiten:
- A und B passen den Ball gleichzeitig leicht nach rechts oder links und übernehmen den Ball des Partners.
- Beide stoppen den Ball, wenn sie ca. 2 m auseinander sind und übernehmen den Ball des anderen Spielers.

Variationen, methodische Hinweise:
Die Hütchen dürfen bei der Übergabe nicht berührt werden!

Variationen:
- A und B prellen den Ball
- A prellt den Ball und B führt den Ball am Fuß
- Verschiedene Bälle verwenden

Spiegeldribbeln

Organisation: Jede(r) 1 Ball; Paare bilden
Material/Medien: Bälle und Hütchen

Inhalt:
B dribbelt hinter A und führt dabei die Bewegungen von A im Spiegelbild aus.
Nach 1 Minuten Aufgabenwechsel.
Mehrere Durchgänge spielen.

Variationen, methodische Hinweise:
- Unterschiedliche Bälle
- Bewegungen werden weiter variiert: Rückwärts den Ball mit der Sohle mitnehmen, ganze Drehung, etc.
- 3/4 Spieler dribbeln hintereinander
- Bei Bedarf Spielfeld begrenzen

Ballprellen mit Zusatzaufgaben

Organisation: Paarweise 1 Ball
Material/Medien: Hütchen als Begrenzung, Soft- oder sonstige leichte Bälle

Inhalt:
A prellt den Ball kurz auf und spielt ihn dann zu B. Danach prellt B und spielt den Ball wieder zu A. Das Zuspiel wird immer wieder variiert.
- Indirekter Pass mit beiden Händen zum Partner spielen.
- Den Ball über ein imaginäres Seil zum Partner werfen.
- B steht im Feld und macht mit seinen Armen einen Korb neben dem Körper. A versucht direkt zu treffen.

Variationen, methodische Hinweise:
- Zuerst die Aufgaben mit beiden Händen ausführen, dann nur rechts oder nur links
- Indirekter Pass mit links oder rechts spielen
- Mit einem indirekten Pass in den Korb treffen
- Verschiedene Bälle verwenden

Durchs Tor zum Partner

Organisation: 2 Mannschaften rot und gelb, paarweise (A, B) 1 Ball
Material/Medien: Rote und gelbe Hütchen für Hütchentore

Inhalt:
Die Paare der roten Mannschaft führen die Aufgaben an den roten Hütchentoren aus und die gelbe Mannschaft an den gelben Hütchentoren.
Nach jedem Tor erfolgt Aufgabenwechsel.
- A läuft mit dem Ball in der Hand zu einem Tor und rollt den Ball durch das Tor zu B.
- A prellt zum Tor und rollt den Ball durch das Tor zu B.
- A prellt den Ball zum Tor und spielt dort einen indirekten Pass zu B.
- A dribbelt zum Tor und spielt einen Pass durch das Hütchentor zu B.

Welches Paar hat zuerst 5 (10) Tore erzielt?

Variationen, methodische Hinweise:

Wichtig:
Beidfüßigkeit und Beidhändigkeit schulen!
- Verschiedene Bälle einsetzen
- Die Hütchentore vergrößern oder verkleinern

Dribbeltorball

Organisation: Mehrere Hütchentore (Größe ca. 2 m); pro Paar 1 Ball
Material/Medien: Fuß-, Hand-, Basketball, etc., Hütchen

Inhalt:
Die Paare spielen sich den Ball in der Bewegung zu. Bekommt ein Spieler den Ball in „Tornähe“ (max. 1–2 m Entfernung), dribbelt er mit dem Ball am Fuß durch das Tor und passt dann wieder zu seinem Partner. Jedes erfolgreiche Dribbling ergibt 1 Punkt. Welches Paar erzielt die meisten Punkte? (Spiel auf Zeit)
Welches Paar hat zuerst 10, 15 Punkte erreicht?
- Es dürfen keine zwei Punkte nacheinander am selben Tor erzielt werden.
- Ein Spieler darf höchstens 2-mal in Folge ein Tor durchdribbeln, dann muss der Partner die Aufgabe erfüllen.

Variationen, methodische Hinweise:
- Größe der Tore variieren
- Verschiedene Bälle einsetzen
- Passart vorgeben und variieren
- Den Ball prellen

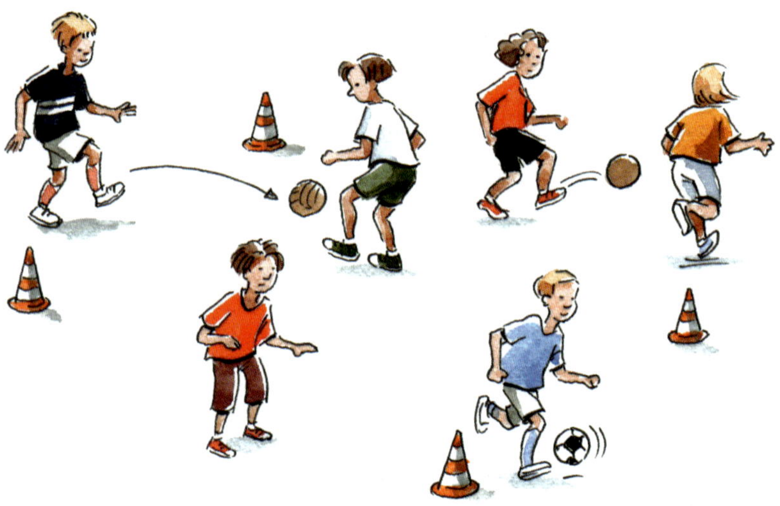

Stangentorball

Organisation: Pro Paar 1 Ball; 5–10 Stangentore (Breite ca. 1 m) bilden
Material/Medien: Bälle, Stangen (Hütchen)

Inhalt:
Die Paare werfen sich die Bälle in der Bewegung zu. Befinden sie sich in Tornähe, dann spielen sie sich den Ball mit einem indirekten Pass durch ein Tor zu. Gelingt dies, dann erhält das Paar einen Punkt. Nur sicher gefangene Bälle zählen als Punkt und das Paar spielt weiter auf ein anderes Tor.
Erst wenn an drei anderen Toren ein Punkt erzielt wurde, darf dasselbe Tor wieder benützt werden.
Mit dem Ball darf nicht gelaufen werden.
Welche Mannschaft hat zuerst 20, 30 Punkte erzielt?
Wer hat nach 2, 3 Minuten die meisten Punkte?

Variationen, methodische Hinweise:
- Mehrere Spielfelder markieren und mit 5–6 Paaren pro Spielfeld spielen
- Torgröße verändern
- Mit Torhüter spielen

Zwillingsjagd

Organisation: Ein Paarspieler ist der Hase, der andere der Jäger; jeder 1 Ball
Material/Medien: Bälle

Inhalt:
Beide Spieler halten ihren Ball dribbelnd am Fuß. Der Jäger versucht, den Hasen abzuschießen. Gelingt dies, dann erfolgt sofort ein Rollentausch.
Wichtig: Augen auf, denn hier geht es eng her.

Variationen, methodische Hinweise:
- Spielfeldgröße verändern
- Den Ball mit der Hand prellen und mit der freien Hand den Partner abschlagen
- Der Ball des Hasens muss getroffen werden

Squash-Fußball

Organisation: Mit Hütchen ein Rechteck vor der Wand markieren; vor den Wänden werden rechteckige Spielfelder (ca. 2 auf 4 m) markiert; pro Gruppe einen Ball und 2 bis 4 Hütchen
Material/Medien: Hütchen, Bälle

Inhalt:
Der Ball wird von Spieler A aus der Hand mit dem Fuß so an die Wand gespielt, dass er im Rechteck aufprallt. Spieler B spielt den Ball direkt zurück.
Mögliche Fehler:
- Der Ball kommt außerhalb des Rechtecks auf
- Der Ball springt zweimal auf
- Der Ball kann nicht mehr an die Wand zurück gespielt werden.

Zuerst miteinander auf Serie (wer schafft 10 Punkte), dann gegeneinander (1:1) spielen.
Wer hat nach 3 Minuten gewonnen?
Wer hat zuerst 10 Punkte?

Variationen, methodische Hinweise:
- Abstände und Spielfeldgröße verändern
- Zwischen Wand und Rechteck einen / keinen Zwischenraum einplanen
- Spiel mit der Hand
- Der Ball darf die beiden Linien des Feldes nicht überschreiten

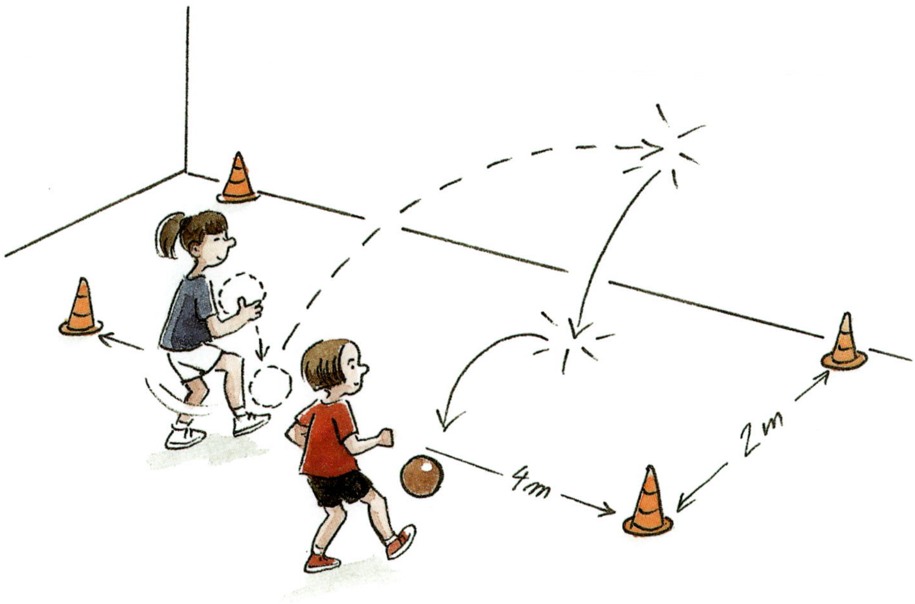

Zwei Fahrer

Organisation: Je Paar 1 Reifen
Material/Medien: Gymnastik-, (Fahrrad)reifen

Inhalt:
Beide Spieler stehen im Reifen und halten diesen fest. Abwechselnd ist immer einer der Fahrer, der die Richtung und das Tempo des „fahrenden" Reifens vorgibt.
Übungsleiter signalisiert den Fahrerwechsel!

Variationen, methodische Hinweise:
- Mit Musik
- Spielfeldgröße variieren
- Die Spieler bestimmen selbstständig den Fahrer

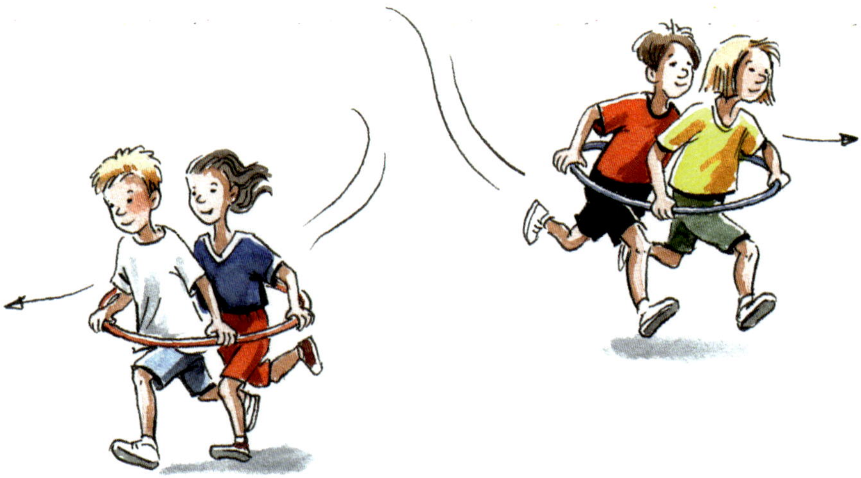

Passen und Konzentrieren

Organisation: Pro Paar 1 Ball; die Paare stellen sich im Abstand von ca. 5 m gegenüber auf
Material/Medien: Bälle

Inhalt:
Die Paare passen / werfen sich den Ball wie folgt zu:
1. direktes Passen
2. Passen / Werfen mit Ansage durch den Partner, mit welchem Bein / Arm gespielt werden muss
3. Passen / Werfen und den gegengleichen Arm heben (links spielen, rechten Arm anheben)
4. Passen / Werfen und Partner sagt an, welcher Arm angehoben werden muss
5. Ansage erfolgt mit Zahlen von 1 bis 10: Gerade Zahl = rechts passen / werfen, ungerade Zahl = links passen / werfen
6. wie 5., nur gilt die Ansage jetzt für den anzuhebenden Arm
7. wie zuvor, doch wird der Ball jetzt mit dem angesagten Bein / Arm gestoppt und mit dem anderen zurückgespielt

Variationen, methodische Hinweise:
- Spielbein / Spielhand vorgeben
- Spieltempo variieren
- Spielabstand verändern, auch während des Übens (Ziehharmonika)

Ziehharmonika

Organisation: Je Paar 1 Ball; Abstand zwischen den Spielern zu Beginn ca. 2 m
Material/Medien: Bälle

Inhalt:
Die Spieler spielen / werfen sich den Ball direkt zu und bewegen sich nach dem Abspiel einen / zwei Schritt(e) nach hinten. Nach ca. 10 Metern Abstand bewegen sie sich wieder aufeinander zu.

Variationen, methodische Hinweise:
- Mit zwei Kontakten
- Mit dem Kopf (und Zuwurf)
- Mit zwei Bällen (je einer mit Fuß und Hand spielen)
- Tempo erhöhen
- Nach jedem Abspiel zusätzliche eine Umdrehung einbauen

Bodyguard

Organisation: Paarweise 1 Ball; 3 Fänger mit einem Softball; in der Halle sind ca. 10 Hütchentore aufgestellt
Material/Medien: Hütchen, Softbälle, Fußbälle

Inhalt:
Der Spieler dribbelt durch so viele Tore wie möglich. Die Fänger schießen die Ballführenden ab (nur Beintreffer erlaubt!). Die Partner helfen, indem sie den Schussweg versperren. Wird der Ballführende getroffen, wechseln die beiden die Aufgaben. Welches Paar hat zuerst 10 (15) Hütchentore durchdribbelt?
Rollenwechsel!

Variationen, methodische Hinweise:
Bälle der Fänger nicht wegkicken!
- 2 Minuten Zeit
- 3, 4 oder 5 Fänger
- Die Spieler prellen und die Fänger schießen mit dem Fuß
- Jedes Paar hat 5 Punkte Bonus. Bei jedem Treffer eines Fängers wird ein Punkt abgezogen

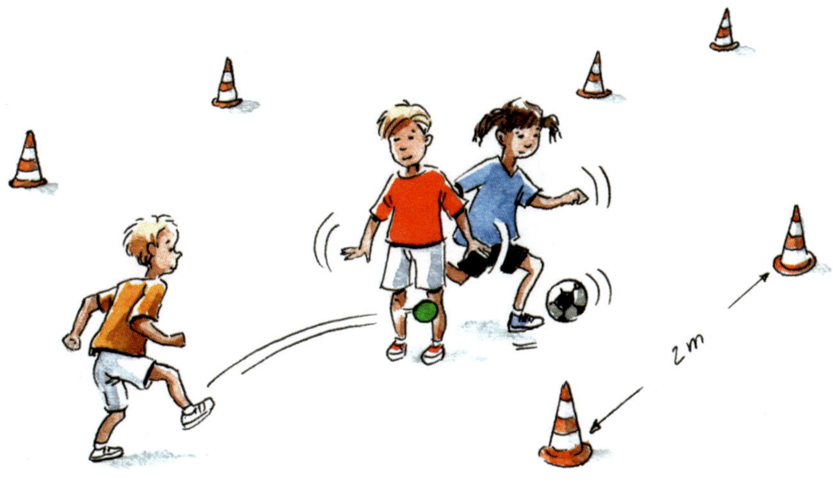

Tunnelkick

Organisation: Je Paar 1 Ball; ein Spieler stellt sich im Grätschstand im Spielfeld auf
Material/Medien: Bälle

Inhalt:
Ein Paarspieler dribbelt den Ball am Fuß und spielt den Ball durch die „lebenden“ Tunneltore hindurch. Nach 6, 8, 10 erfolgreichen Aktionen dribbelt er zu seinem Tunneltor zurück, wird zum „Tunnel“ und jetzt löst der Partner die Aufgabe.

Variationen, methodische Hinweise:
- Als Wettkampf
- Nach jedem erfolgreichen Durchspielen müssen zuerst drei andere Tunnel durchspielt werden, bevor dieser Tunnel wieder angespielt werden darf
- Auf Zeit. Wechsel beliebig.
  Wer hat nach 3, 5 Minuten die meisten Tunneltore erzielt?

Synchronprellen

Organisation: Zweiergruppen bilden; jeder 1 Ball
Material/Medien: Verschiedene Bälle

Inhalt:
Den Ball in der Zweiergruppe synchron in der Bewegung prellen.
Fortbewegungsarten:
- gehend
- laufend
- springend
- rückwärts
- seitwärts
- auf einem Bein
- ....

Variationen, methodische Hinweise:
- Ein rhythmisch ausgesprochenes Wort kann helfen, z. B. „prellen, prellen, …“
- Mit einem Balltausch ohne Unterbrechung beim Prellen
- Verschiedene Bälle einsetzen
- Wechsel von schwachem auf starken Arm und umgekehrt
- Übung in einem Hindernisparcours durchführen

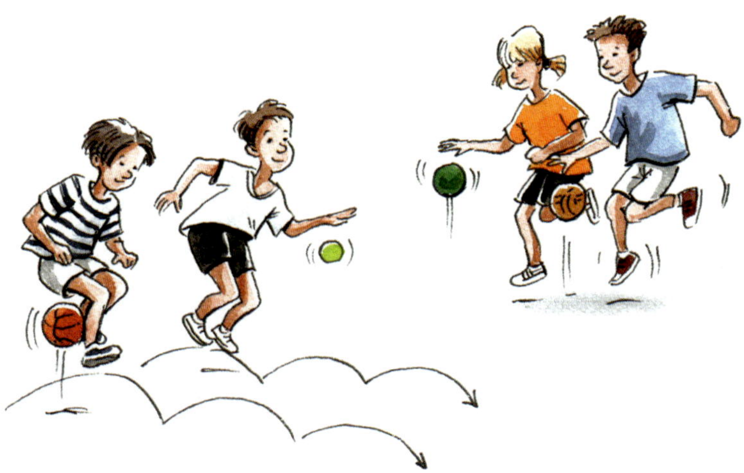

Neckball

Organisation: Zweiergruppen bilden, pro Paar 1 Ball; Abstand ca. 5 m
Material/Medien: Bälle

Inhalt:
Die Partner werfen sich den Ball zu, wobei der Fänger vor dem Fangen des Balles zweimal in die Hände klatschen muss. Bei einem Fehler bekommt der Partner einen Punkt.
Mögliche Fehler:
- Es wird vor dem Fangen nicht oder nur einmal geklatscht.
- Es wird geklatscht, obwohl der Bal nicht geworfen wird.

Sieger ist derjenige, der zuerst 3 Gewinnpunkte erreicht. Danach darf der Verlierer die Aufgabe für die nächste Spielrunde stellen (eine ganze Umdrehung...).

Variationen, methodische Hinweise:
- Abstand variieren
- Verschiedene Bälle verwenden

Werfen mit zwei Bällen

Organisation: Zweiergruppen bilden, jeder 1 Ball (ideal: zwei unterschiedliche Bälle); Abstand ca. 5 m
Material/Medien: Bälle

Inhalt:
Die Partner werfen sich gleichzeitig die Bälle zu.
Mögliche Vorgaben:
1. Beide als Flugball
2. Beide indirekt (Bodenpässe)
3. Nur 1 Ball indirekt
4. Auf Ruf „Wechsel" eines Spielers wird der andere Ball indirekt zugespielt.
5. 1 Ball zuwerfen, den anderen mit dem Fuß zuspielen
6. Wettkampf: Beide Bälle müssen sich in der Luft berühren. Wer schafft dies zuerst 10-mal?

Variationen, methodische Hinweise:
- Abstand variieren
- Wechsel der Aufgabe bei 4. auf Pfiff des Spielleiters

Heißer Ball

Organisation: 1 Paar kennzeichnen und mit 1 „heißen" Ball ausstatten; jeder andere Spieler 1 Ball
Material/Medien: Bälle, Bänder

Inhalt:
Das gekennzeichnete Paar spielt sich den „heißen" Ball in der Bewegung zu. Die anderen Spieler dribbeln ihren Ball und versuchen nach dem Startsignal des Spielleiters, das die Einspielphase beendet, den „heißen" Ball zu treffen. Gelingt dies einem Spieler, dann wird er und ein anderer Spieler seiner Wahl zum neuen „heißen" Ball-Paar.
Spielzeit: 3–5 Minuten

Variationen, methodische Hinweise:
- Einspielzeit genügend lange gestalten
- Für den „heißen" Ball einen besonderen Ball (Farbe, Größe) wählen
- Spielfeldgröße variieren
- 3 Spieler verteidigen den „heißen" Ball

Partner umdribbeln

Organisation: Zweiergruppen bilden, pro Gruppe 1 Ball; alle Paare verteilen sich im Spielfeld
Material/Medien: Bälle

Inhalt:
Ein Partner bleibt als „lebendes Hindernis“ stehen und der andere Partner umdribbelt mit dem Ball so schnell wie möglich zehn „lebende Hindernisse“. Anschließend kommt er zu seinem Partner und es erfolgt ein Aufgabenwechsel.
Wichtig: Es müssen zuerst drei andere „lebende Hindernisse“ umdribbelt werden, bevor das gleiche Hindernis wieder umlaufen werden darf.

Variationen, methodische Hinweise:
- Den Ball mit der Hand prellen
- Als Wettkampf! Welche 3 Spieler sind zuerst wieder zurück?
- Zwei Bälle um 5 Partner prellen
- Einen Ball mit dem Fuß führen und einen zweiten prellen

Liegestütz-Kampf

Organisation: Paare bilden, pro Paar 1 Matte (diese in Reihe auslegen)
Material/Medien: Matten

Inhalt:
Die Spieler bewegen sich im Liegestütz auf den Matten.
Wer kann seinem Partner durch Ziehen an einem Arm oder einer Hand aus dem Gleichgewicht bringen, so dass er auf die Matte fällt?
Für jeden gelungenen Versuch gibt es 1 Punkt.
Wer schafft 3 Gewinnpunkte?
Dann Partnerwechsel!

Variationen, methodische Hinweise:
- Auf Zeit (1–2 Minuten) und als Kaiserspielturnier, d.h. der Sieger darf 1 Matte in Richtung Kaisermatte aufsteigen, der Verlierer muss 1 Matte zurück
- Als Turnier „Jeder gegen Jeden“ mit 3 oder 4 Spielern

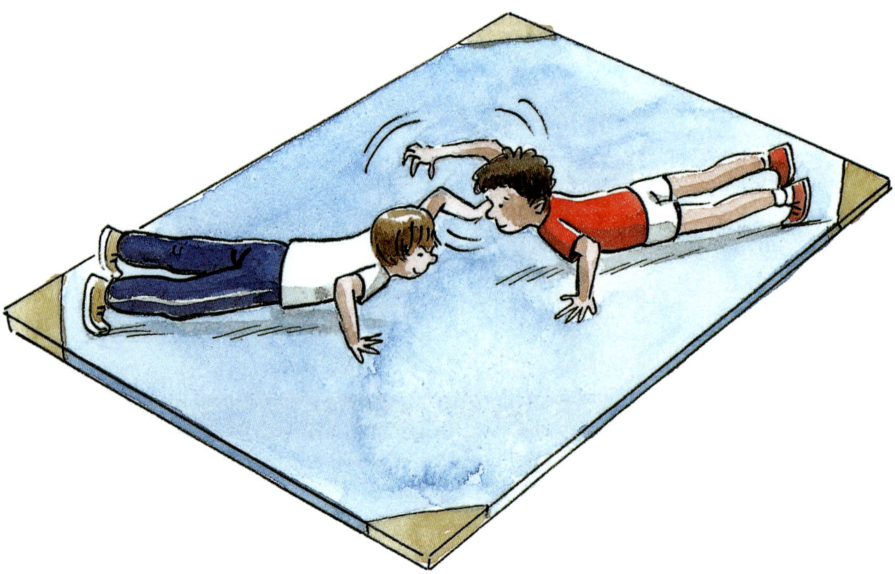

Linienlaufen

Organisation: 4 gleich starke Gruppen bilden und jede Gruppe mit gleichfarbigen Bändern kennzeichnen
Material/Medien: Bänder

Inhalt:
Jede Farbe läuft auf ihrer Linie (rotes Band auf den roten Linien, ohne Band auf den schwarzen Linien, ...). Auf Pfiff des Spielleiters werden verschiedene Aufgaben ausgeführt:

- Rückwärtslaufen (Rückfahrscheinwerfer einschalten!)
- Kommando „Quartett“: 4 Spieler (von jeder Farbe einer!) müssen zusammen gehen.
- Kommando „Farbe“: Alle Spieler einer Farbe gehen zusammen und halten sich an den Händen.
- Kommando „Schlange“: Alle Spieler einer Farbe bilden eine Schlange durch Hüftfassen und bewegen sich frei in der Halle.

Variationen, methodische Hinweise:
- Mit Musik macht es noch mehr Spaß
- Gekringelte Schlange bilden (rot-grün-rot-grün, ...)

Kastenvölkerball

Organisation: In die Mitte jedes Völkerballfeldes einen fünf- oder vierteiligen Kasten stellen; zwei gleich starke Gruppen bilden
Material/Medien: Supersoftball, 2 Kästen

Inhalt:
Gespielt wird nach Völkerballregeln mit 3 Außenspielern. Die Spieler im Feld können sich hinter den Kästen Schutz suchen. Jeder getroffene Spieler wechselt nach rechts außen und der linke Außenspieler ins Spielfeld.

Welche Gruppe hat nach 5 Minuten die meisten gegnerischen Spieler getroffen?

Variationen, methodische Hinweise:
- Ohne Einwechseln spielen
- Statt des Kastens wird eine Weichbodenmatte benützt, die von den Spielern gehalten werden muss. Sieger ist die Mannschaft, deren Matte am längsten steht
- Auf Trefferzahl spielen (Wer hat zuerst 10 Treffer?)

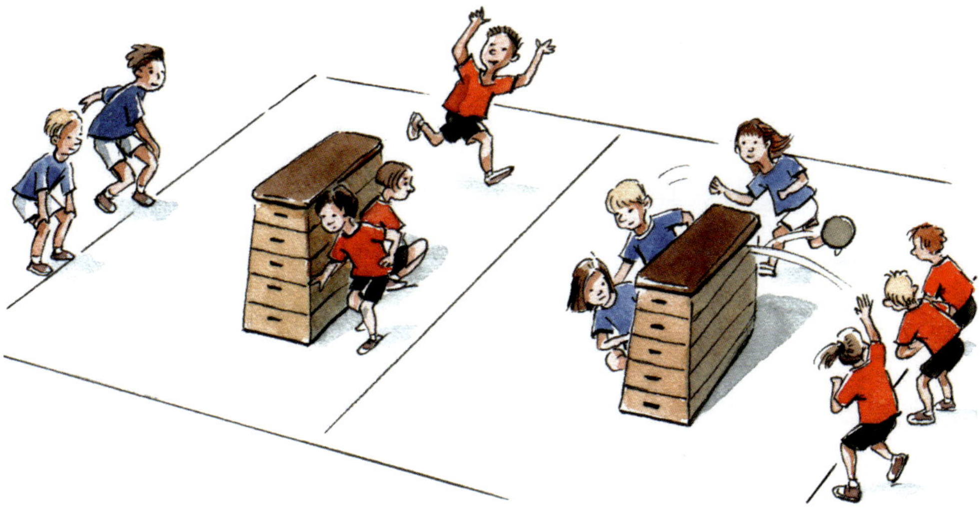

Schlangenlauf

Organisation: Mehrere Spieler (4–6) bilden eine Schlange und halten sich an den Hüften fest
Material/Medien: –

Inhalt:
Die ganze Schlange bewegt sich im Gleichschritt. Auf Pfiff und Zuruf des Spielleiters wird die Fortbewegungsart geändert. Beispiele:
- Elefantenschlange
- Schleichschlange
- Riesenschlange
- Zwergschlange
- Hüpfschlange
- Einbeinschlange
- Rückwärtsschlange

Variationen, methodische Hinweise:
- Mit Musik
- Länge der Schlange verändern
- An Schultern fassen
- Hindernisse einbauen

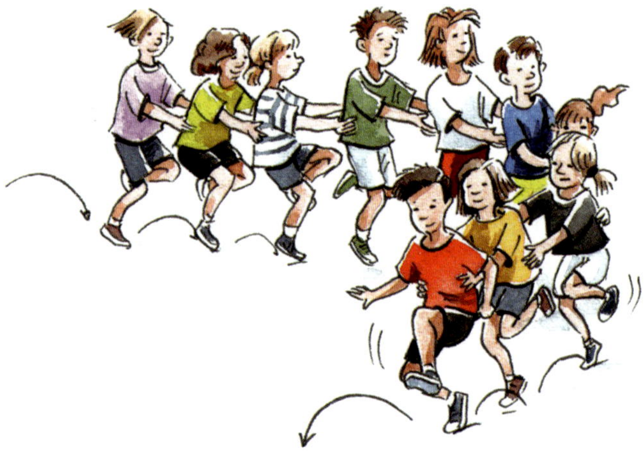

Aufgerufene Farbe fängt

Organisation: Mehrere gleich starke Gruppen (4–6 Spieler) mit Bändern kennzeichnen
Material/Medien: Bänder

Inhalt:
Der Spieleiter ruft eine Farbe auf und diese beginnen als Fänger.
Wer abgeschlagen wird, muss 5 Strecksprünge aus der Hocke ausführen und spielt dann wieder mit. Nach einem Pfiff ruft der Spielleiter die neue Fängergruppe auf.

Variationen, methodische Hinweise:
- Sonderaufgabe verändern (Kopfballimitationssprünge, Einbeinsprünge, Hampelmann, …)
- Nach Pfiff die neue Fängergruppe durch Hochhalten eines Bandes bestimmen
- Nummern zuteilen und durch Aufruf bzw. durch das Ergebnis einer Rechenaufgabe die neue Fängergruppe bestimmen
- Oft wechseln!

Füchse und Hühner

Organisation: Viereck festlegen; 2–4 Füchse als Fängergruppe außerhalb, alle anderen Spieler als Hühner innerhalb des Vierecks
Material/Medien: Hütchen

Inhalt:
Die Füchse belauern das Hühnerhaus.
Der Spielleiter ruft z. B.:
„Alle Hühner wollen raus, der Fuchs macht ihnen den Garaus" – daraufhin verlassen die Hühner ihren umgrenzten Raum und dürfen von den Füchsen gefangen werden, so lange bis der Lehrer ruft:
„Alle Hühner in die Krippe, sonst holt sie die Vogelgrippe!" – Gefangene Hühner werden zu Füchsen.
Mehrere Durchgänge spielen.
Welche Hühner bleiben nach 3 Durchgängen übrig?

Variationen, methodische Hinweise:

- Hühner und Füchse bewegen sich in verschiedenen Gangarten fort
- Weiterführung: Fänger bewegt sich z. B. mit Basketbällen, Läufer mit Handbällen; bei Abschlag wechselt er die Fronten und damit auch den Ball
- Größe des „Hühnerhauses" verändern
- Anzahl der Füchse dem Leistungsstand anpassen!

Viererfangen

Organisation: Vierergruppen bilden und durchnummerieren
Material/Medien: keine

Inhalt:
Die Nummer 1 fängt 2, dann 2 die Nummer 3, 3 die 4, und 4 wieder die 1, usw.

Variationen, methodische Hinweise:

- 3-er Gruppen
- Leistungsgruppen bilden
- Rückwärts spielen (4 fängt 3, ...)
- Schafft ein Spieler in 30–45 Sekunden keinen Abschlag, wird totzddem gewechselt

Brückenwächter

Organisation: Mehrere Brücken mit Hütchen aufbauen; eine Brückenwächtergruppe bestimmen (so viele Spieler wie Brücken aufgebaut sind)
Material/Medien: Hütchen, Bälle

Inhalt:
Die Spieler versuchen, eine oder mehrere Brücke(n) im Dribbling zu überqueren, ohne vom Brückenwächter abgeschlagen zu werden. Die Brückenwächter dürfen die Brücke nicht verlassen.
Wie viele Abschläge schafft die Brückenwächtergruppe in 2, 3 Minuten zusammen?
Danach Aufgabenwechsel.

Variationen, methodische Hinweise:

- Dieses Spiel kann mit der Hand als auch mit dem Fuß gespielt werden
- Brückenbreite verändern
- Anzahl der Wächter erhöhen
- Dribbling nur mit dem schwachen Bein
- Unterschiedliche Bälle verwenden

Bälle aufräumen

Organisation: 1 Jäger bestimmen; jeder 1 Ball bis auf den Jäger
Material/Medien: Bälle, Ballwagen (oder gekippte Langbank)

Inhalt:
Ein Jäger ohne Ball erobert von den anderen Dribblern „regelgerecht" einen Ball und legt ihn in einen Ballwagen.
Jeder Spieler ohne Ball wird zum Helfer des Jägers – bis alle Bälle weggeräumt sind.

Variationen, methodische Hinweise:
- Dieses Spiel kann sowohl mit der Hand, als auch mit dem Fuß gespielt werden
- Spiel auf Zeit. Wie viele Bälle erobert ein Team in 30 Sekunden, 1 Minute, ...?
- Spielfeldgröße verändern

Schlangenprellen

Organisation: 5 bis 6 Spieler bilden eine Schlangengruppe; jeder 1 Ball
Material/Medien: Bälle

Inhalt:
Die Spieler laufen hintereinander und prellen die Bälle.
Der Schlangenkopf gibt die Richtung und das Tempo vor!

Variationen, methodische Hinweise:
- Den Ball mit dem Fuß führen
- Der Schlangenkopf wechselt: Der zweite Dribbler wird zum Kopf, der Kopf wird zum Schwanz
- Der letzte Spieler überholt die Schlange und setzt sich an die Spitze
- Slalomdribbeln durch die Schlange
- Zusatzaufgaben für die Schlange (absitzen, engen Kreis dribbeln, ...)

Sieben Leben

Organisation: Gruppen mit 5–7 Spielern bilden, je 1 Ball pro Gruppe; Kreisaufstellung; jeder Spieler der Gruppe hat zu Beginn des Spieles 7 Leben
Material/Medien: Bälle

Inhalt:
Ein Spieler der Gruppe wirft den Ball in die Luft und ruft den Namen eines Mitspielers. Dieser versucht, sofort den Ball zu fangen. Gelingt ihm dies, wirft er seinerseits den Ball hoch und ruft einen neuen Namen. Gelingt es ihm nicht, dürfen alle anderen weglaufen (abgegrenztes Gebiet festlegen), so lange bis er *„stopp"* ruft. Dann hat er drei Schritte zur Verfügung, um möglichst in die Nähe eines Mitspielers zu gelangen, den er dann abschießen darf. Gelingt ihm der Treffer, wird dem Mitspieler von seinen anfänglichen 7 Leben eines abgezogen. Dieser ausgesuchte Mitspieler kann sich dem Treffer aber durch verschiedene Ansagen entziehen, deren Ausführung das Treffen erschweren,
z. B.:
- „Brunnen": Nun muss der Werfer in die zu einem Kreis geformten Arme des Spieler treffen; oder
- „Gummi": Der Spieler darf sich, allerdings ohne die Füße zu bewegen, wie ein Gummi bewegen und dem Ball ausweichen;
- „Blind": Der Werfer muss die Augen schließen usw.

Hierbei können durchaus neue Vereinbarungen getroffen werden.
Wer am Ende die meisten Leben hat, hat gewonnen!

Variationen, methodische Hinweise:
- Am Standort eine Linie ziehen, von der aus mit Anlauf noch 3 Sprungschritte gemacht werden dürfen
- Das Zuspiel erfolgt mit Pritschen und Fangen; mit Pritschen und anschließendem Weiterpritschen; das Abwerfen kann ebenfalls durch ein direktes „Angriffspritschen" gespielt werden!

Dreifelder-Fangen

Organisation: Spieler in drei Gruppen und in drei Feldern einteilen; jeweils einen Fänger und die Spielfelder kennzeichnen
Material/Medien: Begrenzungsmarkierungen, Bänder oder Mützen

Inhalt:
In jedem Feld bewegen sich Fänger und Gejagte anders fort, z. B.
- im Vierfüßlergang
- Schlusshüpfer
- Entengang

Wer abgeschlagen wird, wird durch Übergabe des Parteibands zum Fänger;
nach ca. 2 Minuten Wechsel der Felder und damit der Fortbewegungsart.

Variationen, methodische Hinweise:
- Der neue Fänger darf in jedem Feld die Fortbewegungsart bestimmen.

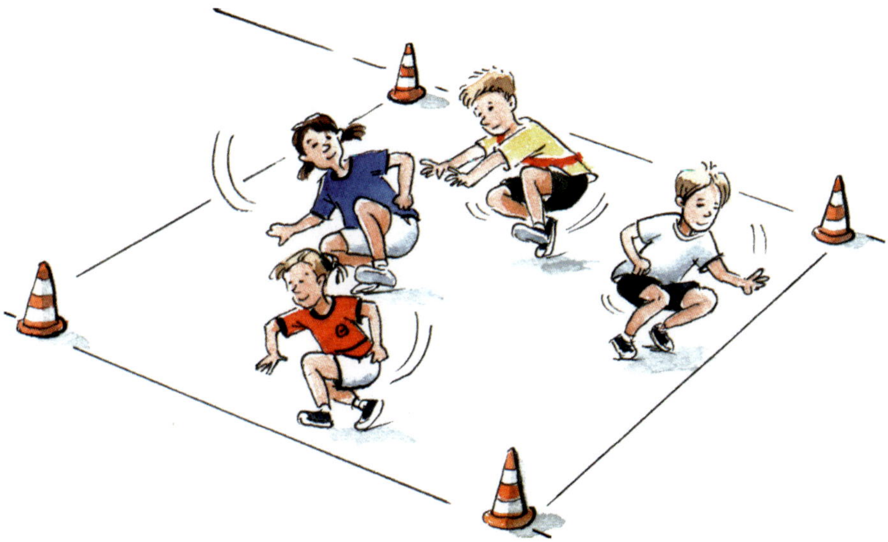

Mitspieler berühren

Organisation: Mehrere gleich starke Gruppen bilden und eine Fängergruppe kennzeichnen; jeder 1 Ball
Material/Medien: Bälle, Bänder

Inhalt:
Alle Spieler prellen mit je einem Ball in einem abgegrenzten Feld.
Die Fängergruppe berühren während des Dribbelns möglichst viele Mitspieler an einem vorgegebenen Körperteil (z. B. Wade, Oberschenkel, Schulter).
Wie viele Abschläge schaffen die Fänger zusammen in 2, 3 Minuten?
Danach Fängerwechsel.

Variationen, methodische Hinweise:
- Das Spiel kann sowohl mit der Hand als auch mit dem Fuß gespielt werden
- Dribbeln mit der schwachen Hand bzw. dem schwachen Fuß
- Wettbewerb auf Zeit
- Spielfeldgröße variieren
- Einteilung der Gesamtgruppe in zwei Mannschaften
- Ein Spieler darf nicht zweimal hintereinander berührt werden

Hasenjagd

Organisation: Vier bis fünf Jäger kennzeichnen; jeder 1 Ball
Material/Medien: 5 Bänder oder Schildmützen, Bälle

Inhalt:
Die Jäger, die ebenso wie die anderen Teilnehmer einen Ball am Fuß führen, versuchen einen Hasen zu treffen. Dabei sind nur Beintreffer erlaubt.
Wie viele Treffer erreichen alle Jäger in 2–3 Minuten? Danach Jägerwechsel.

Variationen, methodische Hinweise:
Bälle nicht hart aufpumpen oder Volleybälle verwenden. Bolzen verbieten!

- Mehrere Durchgänge spielen. Welcher Jäger erzielte die meisten Treffer?
- Spielfeld begrenzen
- Jäger tragen die Bälle und schießen die Hasen mit dem Fuß ab (nur Beintreffer!)

Krakenball

Organisation: 2 Gruppen bilden, 1 Gruppe mit Ball
Material/Medien: Bälle

Inhalt:
Eine Hälfte der Spieler verteilt sich sitzend auf dem Hallenboden, die anderen erhalten je einen Ball. Aufgabe der „sitzenden" Spieler ist es, einem der ballführenden Spieler, die sich frei in der Halle bewegen, den Ball vom Fuß wegzunehmen. Dabei dürfen sie sich im Vierfüßlergang bewegen.
Wer einen Ball erringt, darf aufstehen und übernimmt die Rolle des ballführenden Spielers.

Variationen, methodische Hinweise:

- Je nach Anzahl und Leitungsstand der Spieler kann man die Spielfläche immer mehr verkleinern
- Ballführung mit dem schwachen Bein
- Zahl der Dribbler erhöhen oder verringern

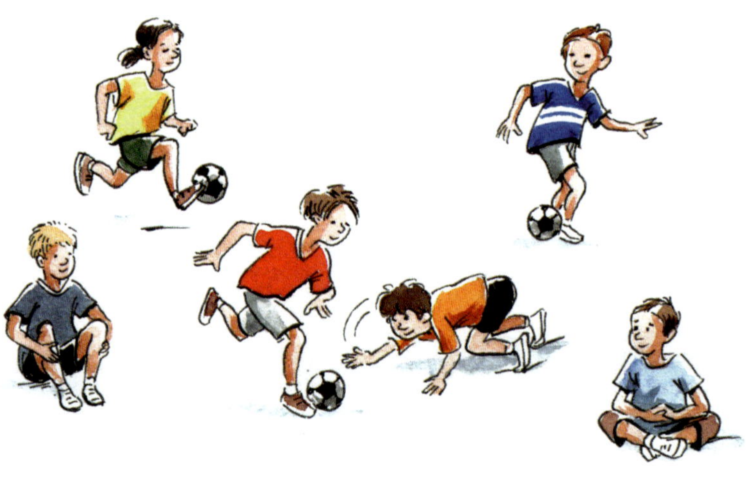

Hundehütte

Organisation: Jeder 1 Ball; 5 bis 6 Spieler sind Fänger, die gekennzeichnet sind
Material/Medien: Bälle, Bänder, Hütchen

Inhalt:
Die Fänger versuchen, andere Spieler während des Dribbelns abzuschlagen. Abgeschlagene („gefangene Spieler") bleiben im Grätschstand stehen. Sie können durch ein Dribbling durch die gegrätschten Beine wieder befreit werden. Welche Gruppe kann in der vorgegebenen Zeit (1, 2 Minuten) alle Spieler in „Hundehütten" verwandeln?

Variationen, methodische Hinweise:
- Das Spiel kann sowohl mit der Hand, als auch mit dem Fuß gespielt werden
- Andere Positionen einnehmen (Brücke, Liegestütz, ...)
- Wettbewerb auf Zeit
- verschiedene Bälle einsetzen
- Spielfeldgröße variieren
- Bälle hochhalten oder mit der Fußsohle festhalten (Verletzungsgefahr!)

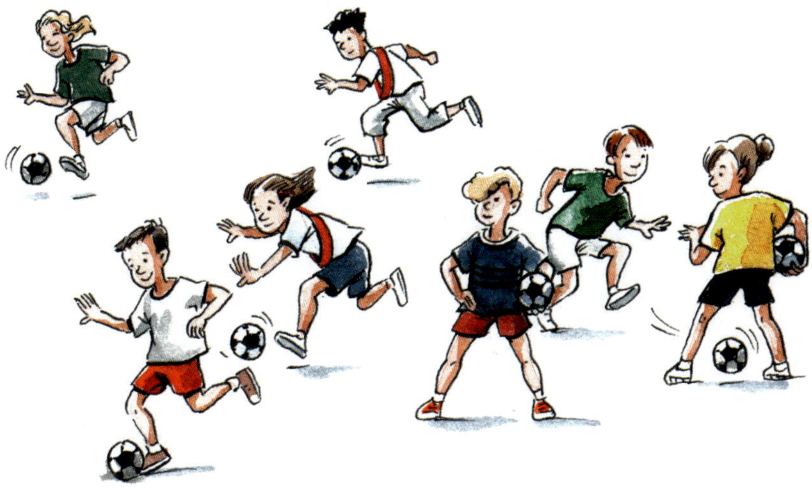

Seitenwechsel

Organisation: 4 Gruppen bilden und in jeder Ecke des Spielfeldes ein Viereck markieren; jede Gruppe beginnt in einem Viereck; unterschiedliche Bälle verteilen; jeder 1 Ball
Material/Medien: Bälle; Hütchen

Inhalt:
Die Gruppen wechseln die Seiten, zuerst immer zwei Gruppen, dann alle vier. Dabei prellen die Spieler den Ball mit der Hand.

Variationen, methodische Hinweise:
- Ball mit den Füßen führen
- Seitwärts laufen
- Rückwärts laufen
- Tempo steigern
- Beim Begegnen Bälle tauschen

Äpfel klauen

Organisation: Zwei Mannschaften bilden; zwei Gärten kennzeichnen und das Spielfeld teilen; mehrere Reifen als Körbe auslegen; viele Geräte in den Gärten auslegen
Material/Medien: Reifen, Keulen, Tennisbälle o. ä.

Inhalt:
Jeder Gruppe will möglichst viele Äpfel in ihren Garten, ihre Körbe bringen.
Wer im gegnerischen Garten abgeschlagen wird, muss den gestohlenen Apfel zurücklegen, in die eigene Hälfte zurückgehen und darf von hier aus wieder auf Diebeszug gehen.
Es darf immer nur ein Apfel mitgenommen werden.

Welche Gruppe hat nach 3, 5 Minuten die meisten Äpfel im eigenen Garten?
Welche Gruppe hat zuerst 50, 70 Äpfel erobert?

Variationen, methodische Hinweise:
- Ohne Abschlagen
- Es dürfen zwei, drei Äpfel mitgenommen werden
- Paarweise laufen (Medizinbälle als „schwere Äpfel")
- Auf dem Rückweg müssen die Bälle geprellt werden
- Den Ball mit dem Fuß zurück führen
- Spielfeld- und Gartengröße verändern

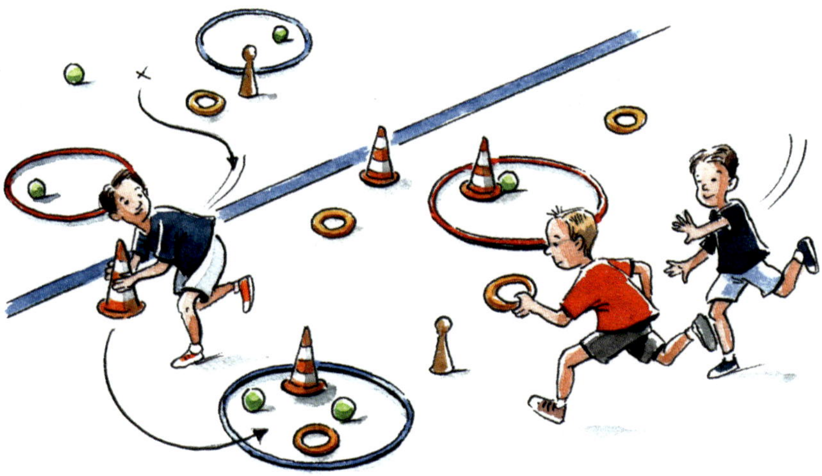

Trefferball – Jeder gegen jeden

Organisation: Spielleiter legt viele Bälle bereit
Material/Medien: (Soft-)Bälle

Inhalt:
Alle Spieler verteilen sich in der Halle. Der Spielleiter wirft Bälle in der Anzahl etwa eines Drittels der Teilnehmer ins Feld. Die Bälle sind frei. Die Spieler versuchen, sich in Ballbesitz zu bringen und andere mit dem Fuß abzuschießen. Wer getroffen wird, setzt sich hin. Er kann wieder am Spiel teilnehmen, wenn er sich „sitzend" in Ballbesitz bringen kann.
Nur Beintreffer sind erlaubt!
Wer steht nach 2, 3 Minuten?

Variationen, methodische Hinweise:
- Mit der Hand abschießen
- Anzahl der Bälle verändern
- Fortbewegung im Vierfüßlerstand möglich (als Abgeschossener)

Wechselball

Organisation: Spielfeld (z. B. Volleyballfeld) kennzeichnen; zwei Mannschaften A und B bilden; 1 Spielball bereithalten
Material/Medien: 1 Softball, 4 Hütchen

Inhalt:
Mannschaft A stellt sich um das Feld auf, Mannschaft B im Feld.
Wie beim Völkerball versuchen die Außenspieler die inneren abzuwerfen. Im Unterschied zum Völkerball scheiden diese aber nicht aus, sondern bleiben im Feld. Jeder Treffer zählt für die Außenpartei einen Punkt.
Erst wenn ein Innenspieler den Ball fängt, erfolgt ein Rollentausch.

Variationen, methodische Hinweise:
- Ein Spieler darf nicht zweimal direkt hintereinander abgeworfen werden
- Verschieden große Softbälle verwenden
- Spielfeldgröße variieren
- Zahl der Außenspieler verändern

Handball verkehrt

Organisation: Hallendrittel in zwei Spielfelder teilen; vier Mannschaften bilden; pro Spielfeld 1 Ball
Material/Medien: Zwei Softhandbälle, Bänder

Inhalt:
Gespielt wird nach Handballregeln.
Tore werden erzielt, indem der Ball durch die gegrätschten Beine (beide Füße am Boden) rückwärts an die Wand geworfen wird.

Variationen, methodische Hinweise:
- Torhöhe und -größe begrenzen
- Ideal auch zu spielen, wenn das Längsnetz für Volleyball oder Badminton aufgebaut ist (Spielfeld längs)
- Auch ohne Prellen spielen
- Nur indirekte Zuspiele sind erlaubt
- Nur indirekte Tore zählen
- Spielfeldgröße variieren

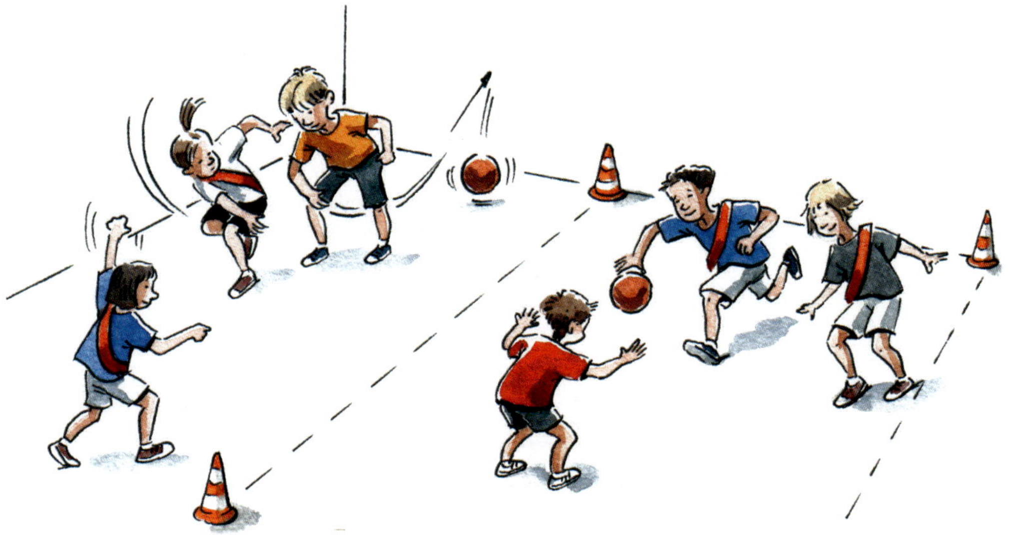

Nummernzuspiel

Organisation: Mehrere Gruppen (bis zu 5 Spieler) bilden und durchnummerieren; pro Gruppe 1 Ball
Material/Medien: Verschiedene Bälle

Inhalt:
Die Spieler traben in einem abgegrenzten Spielfeld durcheinander und spielen sich dabei ständig einen Ball in vorgegebener Reihenfolge zu, z. B. 1->3->5->2->4->1 ....

Variationen, methodische Hinweise:
- Reihenfolge festlegen (1-2-3-4-5); auch rückwärts (5-4-3-2-1)
- Spielfeldgröße variieren
- Verschiedene Bälle einsetzen
- Zuspielart vorgeben (z. B. werfen, indirekt, Dropkick, ...)
- Gegner darf gestört werden

Torschütze wechselt

Organisation: 4-er Gruppen bilden; Spielfelder und Tore kennzeichnen; je zwei Mannschaften ein Spielfeld und Tor zuweisen und eine der Mannschaften kennzeichnen
Material/Medien: Bälle, Bänder, Hütchen, Matten

Inhalt:
Zwei Mannschaften spielen gegeneinander auf 2 Tore ohne Torhüter.
Erzielt ein Spieler ein Tor, wechselt er zur anderen Mannschaft (Band ablegen oder holen, das am Spielfeldrand bereit liegt). Diese spielt jetzt in Überzahl. Bei jedem weiteren Tor wechselt der Schütze ebenfalls, so dass sich die Spielstärke der Mannschaften immer wieder verändert.

Variationen, methodische Hinweise:
- Leistungsdifferenzierung
- Tore können von vorne und hinten erzielt werden
- Mindestens 3 Abspiele verlangen, bevor ein Tor erzielt werden kann
- Mannschaften durchwechseln
- Turnier spielen

Auf die Umlaufbahn schicken

Organisation: Eine Fängergruppe (4–6 Spieler) kennzeichnen; Spielfeld markieren und mit Kartons eine Hindernisbahn um das Spielfeld aufbauen
Material/Medien: Bänder, Hütchen, Kartons

Inhalt:
Die Fänger schlagen die Spieler im Feld ab. Wer abgeschlagen ist, muss eine Runde auf der Hindernisbahn laufen.
Welche Fängergruppe schafft es, das ganze Feld zu leeren? Gruppen wechseln.
Spielzeit: 2–4 Minuten.

Variationen, methodische Hinweise:
- Hindernisse verändern
- Einen Ball um das Spielfeld prellen, dribbeln
- Mit Partner und Handfassung um das Spielfeld laufen
- Fängerzahl und Spielfeldgröße variieren

Virusball

Organisation: Mehrere Fänger mit Ball als Virusgruppe kennzeichnen
Material/Medien: Bälle

Inhalt:
Alle Spieler sind Bestandteile einer Computerfestplatte. Die Viren (Fänger mit Ball) infizieren einzelne Bestandteile durch Berührung mit dem „Virenball". Die infizierten Spieler bleiben sofort stehen und können durch nicht befallene Mitspieler befreit werden, indem diese sie am Rücken berühren.
Kann eine Gruppe alle infizieren?
Gruppen/Fängerwechsel

Variationen, methodische Hinweise:
- Fängerzahl variieren
- Auf Zeit spielen und die infizierten Spieler notieren, dann Fängerwechsel
- Medizinbälle verwenden
- Spielfeldgröße variieren

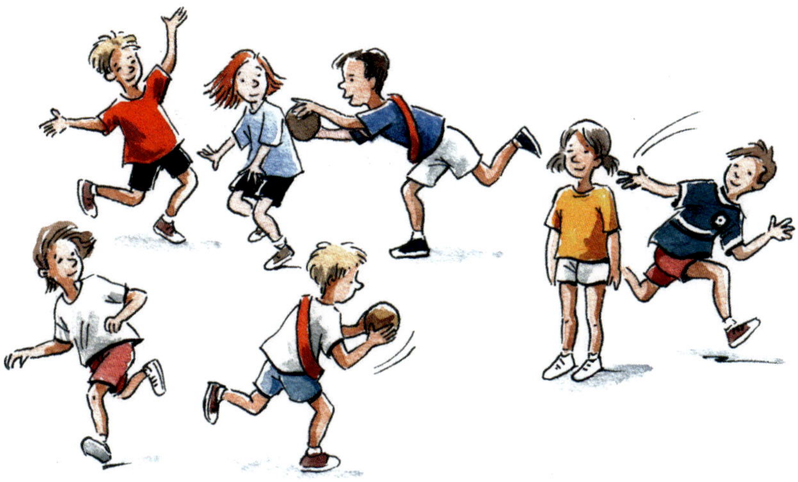

Die Löwen sind los

Organisation: 2–3 Spieler als Löwen kennzeichnen; zwei Zielfelder an den Spielfeldenden markieren
Material/Medien: Bänder, Hütchen

Inhalt:
Die „Löwen" halten sich auf einer Hallenseite auf und bewegen sich auf allen Vieren. Alle anderen Spieler sind „Afrika-Touristen", die sich ganz nah an die Löwen heranwagen, um sie zu fotografieren oder sogar zu streicheln.
Auf Ruf des Spielleiters „Die Löwen sind los" müssen sich alle Touristen ganz schnell in Sicherheit bringen (Zielfeld!). Wer gefangen wird, gehört beim nächsten Durchgang zur Löwengruppe.
Welche drei Touristen bleiben übrig? Beim Fangen dürfen die Löwen auf zwei Beinen laufen.

Variationen, methodische Hinweise:
- Zielfeld für die Touristen vor dem Durchgang oder durch Ruf oder Anzeigen festlegen.

Seeungeheuer

Organisation: 4 Mannschaften (Haie, Delfine, Wale, Robben) bilden; eine Weichbodenmatte in die Mitte legen und darum ein großes Rechteck (z. B. Volleyballfeld) markieren. Ein „Seeungeheuer“ bestimmen
Material/Medien: Bänder, Weichbodenmatte, Hütchen

Inhalt:
Alle Spieler laufen um das Versteck (Weichbodenmatte) des Seeungeheuers. Ruft der Spielleiter z. B. „Delfine“, dann müssen sich alle Delfine an den Strand (außerhalb der Hütchen) retten. Wird ein Delfin vom Seeungeheuer gefangen, dann muss er ihm ab der nächsten Runde als Fänger helfen.
Von welcher Gruppe bleiben nach 3, 5 Minuten die meisten übrig?
Von welcher Gruppe ist am Ende noch ein Tier übrig?

Variationen, methodische Hinweise:
- Mit mehreren Seeungeheuern beginnen
- Im Freien die Laufstrecke vergrößern
- Die Meerestiere dürfen sich bis zum Aufruf der zu jagenden Tiergruppe nur auf allen Vieren fortbewegen
- Die Meerestiere müssen in festgelegter Richtung um die Weichbodenmatte laufen

Sechs-Tage-Rennen

Organisation: Mehrere Mannschaften bilden und entsprechend viele Langbänke sternförmig aufstellen, so dass die Spieler um die Bänke laufen können. Für jede Gruppe wird ein Kapitän bestimmt, der die Runden zählt und jede Gruppe erhält 1 Ball
Material/Medien: Langbänke, Basketbälle, Staffelstäbe

Inhalt:
Die Mannschaften laufen möglichst viele Runden um die Bänke und prellen dabei einen Basketball.
Dabei dürfen sich die Spieler beliebig ablösen.
Welche Gruppe schafft in 10 Minuten die meisten Runden?
Welche Gruppe hat zuerst 20, 30 Runden?

Variationen, methodische Hinweise:
- Es dürfen auch zwei Runden am Stück gelaufen werden
- Dasselbe mit dem Staffelstab
- Den Ball mit dem Fuß führen

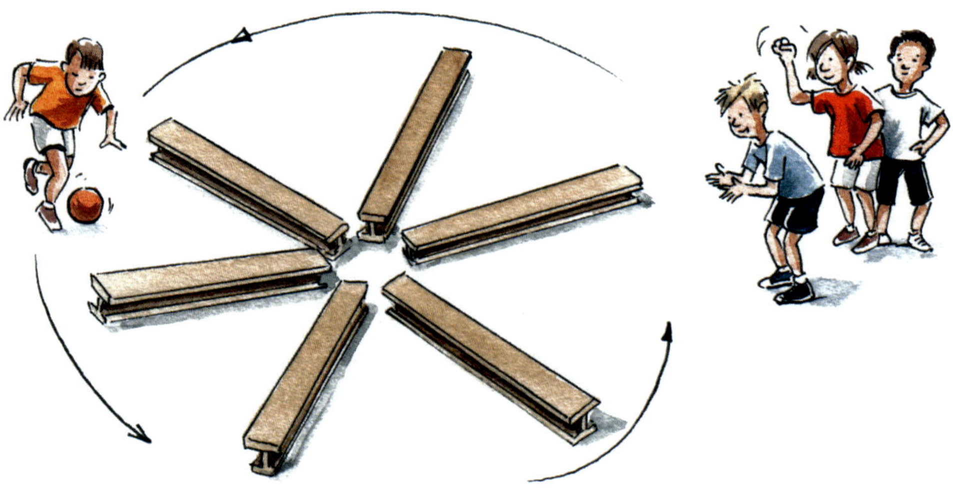

Schuhhockey

Organisation: Zwei Mannschaften kennzeichnen; jeder zieht einen Schuh aus und nimmt ihn als Spielgerät in eine Hand
Material/Medien: Tennisball, Bänder

Inhalt:
Ziel jeder Mannschaft ist es, den Ball mit dem Schuh in der Hand gegen die gegnerische Wand zu schlagen.
Spielzeit: mindestens 5 Minuten

Variationen, methodische Hinweise:
- Torhöhe begrenzen
- Torbreite variieren
- Weichbodenmatten als Tore verwenden

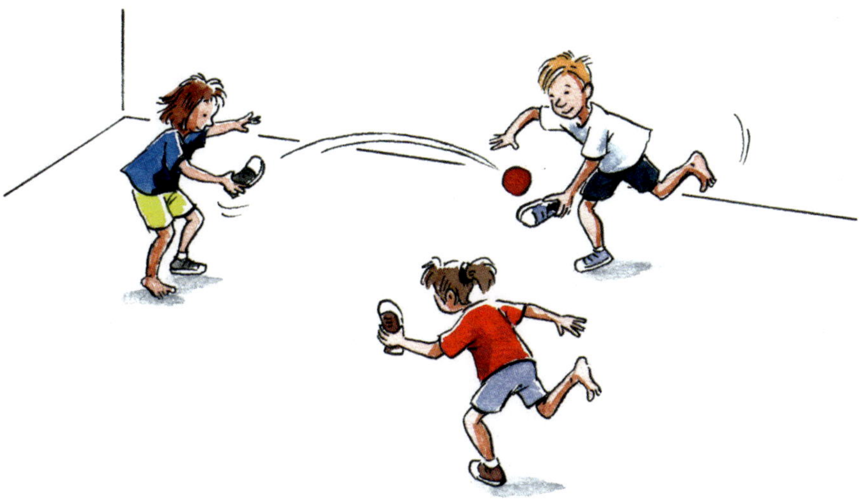

Hütchen suchen

Organisation: Jede(r) 1 Ball; Hütchen auf Linien aufstellen
Material/Medien: Bälle und Hütchen (rot und gelb)

Inhalt:
Die Spieler von Mannschaft gelb und Mannschaft rot dribbeln mit dem Ball am Fuß frei im Raum. Auf ein Signal stoppen sie den Ball mit der Sohle und suchen ohne Ball ein freies Hütchen ihrer Farbe. Die Mannschaften haben unterschiedliche Bälle! (Soft- oder Gymnastikbälle)
Welche Mannschaft ist zuerst an den Hütchen?

Variationen, methodische Hinweise:
- Die Spieler prellen, dribbeln oder rollen den Ball
- Die Spieler nehmen bestimmte Positionen an den Hütchen ein (Schneidersitz, Bauchlage, Rückenlage, etc.)!
- Bevor die Spieler einen Platz am Hütchen einnehmen, müssen sie eine Zusatzaufgabe erfüllen (auf dem Ball absitzen, Ball 3-mal jonglieren, ...)
- Spielfeldgröße variieren

Chef bestimmt

Organisation: Mehrere Gruppen bilden (4–6 Spieler)
Material/Medien: Evtl. Musik

Inhalt:
Die Gruppen bewegen sich im Raum und imitieren alle Bewegungsvorgaben (laufen, hüpfen, drehen, rückwärts, wälzen, Hopserlauf, ...) des Chefs.
Nach einer bestimmten Zeit erfolgt ein Chefwechsel, so dass jeder Spieler einmal Chef ist.

Variationen, methodische Hinweise:
- Mit Musik macht es noch mehr Spaß
- Ideal, wenn beispielsweise schon Geräte aufgebaut sind

Faustball

Organisation: Zwei Mannschaften kennzeichnen und einen Volleyball oder Supersoftball bereithalten
Material/Medien: Volleyball, Supersoftball, eventuell Weichbodenmatten als Tore

Inhalt:
Ziel jeder Mannschaft ist es, den Ball gegen die gegnerische Wand zu schlagen. Der Ball darf dabei nur mit der geschlossenen Faust gespielt werden.

Variationen, methodische Hinweise:
- Torhöhe begrenzen
- Tore dürfen nur aus der gegnerischen Hälfte erzielt werden
- Ideal zum Aggressionsabbau

Jägerball

Organisation: 2 bis 4 Werfer kennzeichnen; 1 Spielball
Material/Medien: 1 Softball

Inhalt:
Zwei bis vier Spieler werden zu Beginn des Spieles ausgewählt und erhalten jeweils ein Parteiband. Durch geschicktes Zupassen des Balles versuchen sie, die weglaufenden Spieler abzuwerfen. Alle Spieler, die getroffen werden, erhalten ebenfalls ein Band und gehören zu den Jägern.
Welche 3 Spieler bleiben übrig?

Variationen, methodische Hinweise:
- Fängt ein Spieler den Ball korrekt mit beiden Händen, so darf er den Ball auf den Boden legen und gilt als nicht getroffen
- Anzahl der Fänger variieren
- Anzahl der Bälle erhöhen
- Treff-Fläche vorgeben (z. B. nur Beine, ...)
- Als Gruppenwettkampf (welche Gruppe schafft in 2, 3 Minuten die meisten Abwürfe?)

Schwarzer Rabe

Organisation: 1 Fänger kennzeichnen (ohne Ball); alle anderen erhalten 1 Ball
Material/Medien: Bälle

Inhalt:
Auf den Ruf des Schwarzen Rabens „Wer fürchtet sich vor dem Schwarzen Raben?“ antworten die anderen „Niemand“ und versuchen mit dem Ball am Fuß die andere Hallenseite zu erreichen, ohne dass ihn der schwarze Rabe abschlagen kann.
Wer seinen Ball an den Schwarzen Raben verloren hat, räumt seinen Ball weg und hilft ihm beim Fangen, so dass die Zahl der Fänger ständig größer wird.

Variationen, methodische Hinweise:
- Dribbling mit der Hand
- Spielfeldgröße variieren
- Fangbereich einschränken
- Ohne Bälle
- Der (die) Fänger tragen einen Ball und dürfen nur mit der freien Hand abschlagen

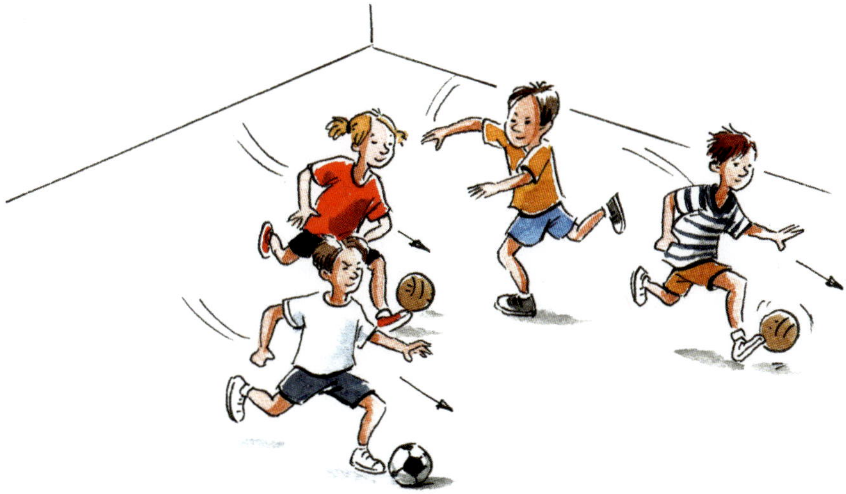

Dribbelfangen

Organisation: 3–4 Fänger kennzeichnen; jeder 1 Ball
Material/Medien: Fuß-, Hand-, Volleyball

Inhalt:
Alle Spieler außer den Fängern führen den Ball am Fuß. Der Fänger prellt seinen Ball mit der Hand und versucht, mit der anderen Hand einen anderen Spieler abzuschlagen.
Der Abgeschlagene wird neuer Fänger.

Variationen, methodische Hinweise:
- 2 bis 3 Fänger
- Spielfeldgröße variieren
- Verschiedene Bälle einsetzen
- Fänger bleiben fest, welches Team hat nach 1 Min. die meisten Abschläge? Fängerwechsel!

Jokerball

Organisation: 2 Mannschaften mit jeweils 2 Jokern; pro Mannschaft 3–4 Torhüter bestimmen; 2 Torräume kennzeichnen
Material/Medien: Bälle, Hütchen, Bänder

Inhalt:
2 Mannschaften spielen gegeneinander Fußball, wobei der Torraum nur von den Torhütern betreten werden darf, jede Mannschaft wird von zwei Jokern unterstützt, die den Ball auch mit der Hand spielen dürfen.
Spielzeit: 3–5 Minuten

Variationen, methodische Hinweise:
- Torhüter und Joker ständig wechseln
- Torgröße variieren
- Mit zwei Bällen spielen
- Pass mit den Füssen
- Jokerzahl verändern

Reboundball

Organisation: 2–6 Mannschaften bilden und kennzeichnen; entsprechende Anzahl von Spielfeldern markieren
Material/Medien: 1–3 Bälle; Bänder

Inhalt:
Die Mannschaften versuchen, den Ball so an die gegnerische Wand zu werfen, dass ein Mitspieler den Ball fangen kann. Gelingt dies, erhält sie einen Punkt und die andere Mannschaft den Ball. Gespielt wird nach Handball- oder Basketballregeln.
Spielzeit: 4–6 Minuten.

Variationen, methodische Hinweise:
- Gegner wechseln
- Prellen verbieten, damit erhöht sich die Intensität
- Unterschiedliche Bälle verwenden
- Auch als Turnier spielen
- Um die Intensität zu erhöhen, spielen 4 Mannschaften in je einem halben Hallendrittel
- Aufsetzerball
- Kleine Mannschaften bilden und im Hallendrittel quer spielen
- Der Ball darf vor dem Fangen aufspringen

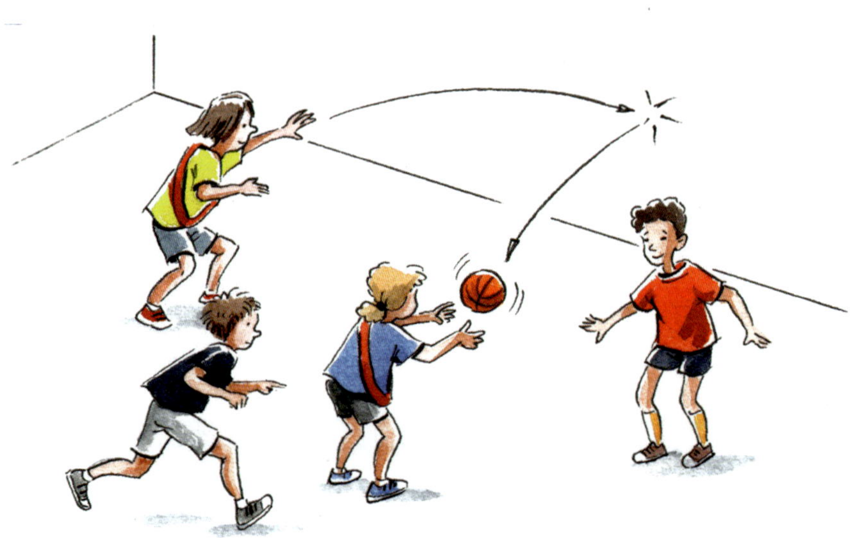

Kopf punktet

Organisation: Mehrere Mannschaften bilden; je 2 pro Feld! Gruppenstärke 4–6 Spieler; pro Spielfeld 1 Ball
Material/Medien: 1–3 Softfuß- oder Volleybälle, Bänder

Inhalt:
Zwei Mannschaften spielen nach Handballregeln ohne Prellen gegeneinander. Ein Punkt ist erzielt, wenn einem Mitspieler der Ball so zugeworfen wird, dass dieser zu einem beliebigen Mitspieler köpfen kann und dieser den Ball fängt. Welches Team hat zuerst 10 Punkte?
Wer hat nach zwei / drei Minuten die meisten Punkte?

Variationen, methodische Hinweise:
- Kleine Mannschaften bilden und im Hallendrittel quer spielen
- Turnier spielen
- Es werden zwei rote und zwei weiße Mannschaften gebildet, wobei jede rote gegen jede weiße spielt. Alle Punkte der Spiele werden addiert. Welche Farbe gewinnt?
- Auch mit Pritschen, Innenseitstoß etc. spielbar
- Verschiedene Bälle einsetzen
- Spielfeldgröße variieren

Brettball

Organisation: Mehrere Mannschaften bilden; unter den Körben ein Trapez als „toten“ Raum markieren
Material/Medien: 1–3 Bälle, Bänder, 4–12 Hütchen

Inhalt:
Gespielt wird auf die Basketballbretter. Die Mannschaften versuchen, den Ball so an das gegnerische Brett zu werfen, dass dieser außerhalb des Trapezes aufkommt. Gelingt dies, erhält sie einen Punkt und die andere Mannschaft den Ball. Fängt die andere Mannschaft den Ball, gibt es keinen Punkt. Gespielt wird nach Handball- oder Basketballregeln ohne / mit Prellen.
Spielzeit: 4–6 Minuten.

Variationen, methodische Hinweise:
- Gegner wechseln
- Es gibt nur einen Punkt, wenn ein Mitspieler den Ball fangen kann
- Turnier spielen
- Softbälle einsetzen
- Ohne Trapeze spielen
- Bereits das Treffen des Brettes ergibt 1 Punkt und das Aufprellen auf dem Boden einen weiteren

Laufendes Tor

Organisation: Zwei Mannschaften bilden und in jedem Team 1–3 Schüler als Tore kennzeichnen (Doppelband, Schildmütze); 1 Spielball
Material/Medien: Softhandbälle, Bänder

Inhalt:
Zwei Mannschaften spielen nach Handballregeln ohne Prellen gegeneinander. Ein Punkt ist erzielt, wenn ein gegnerisches, lebendes Tor (ohne Kopftreffer!) getroffen wird.
Spielzeit: 3 x 2 Minuten mit einem Austauschen der „Tore“, da diese stark belastet sind.

Variationen, methodische Hinweise:
- Kleine Mannschaften bilden und im Hallendrittel quer spielen
- Nur mit einem Tor spielen
- „Beweglicher Korb“: Zwei Spieler tragen waagrecht einen Reifen, durch den geworfen werden muss
- Reifen über Kopfhöhe tragen

Nummernpassen mit Verweigern

Organisation: Mannschaften (4–6 Spieler) bilden und durchnummerieren; Spielfelder zuteilen; je Gruppe 1 Ball
Material/Medien: Bälle, Bänder, Hütchen

Inhalt:
Die Spieler passen sich den Ball in der richtigen Nummernreihenfolge zu (1 zu 2; 2 zu 3, usw.). Ein Spieler kann die Passannahme verweigern, indem er sich rechtzeitig auf den Boden setzt. Dann muss der Ballbesitzer zur übernächsten Nummer passen. Es dürfen keine zwei aufeinanderfolgenden Spieler das Zuspiel verweigern.

Variationen, methodische Hinweise:
- Spielfeldgröße variieren
- Alle spielen in einem großen Spielfeld bzw. dem ganzen Hallendrittel
- Verschiedene Bälle einsetzen
- Verschiedene Positionen für das Verweigern (z. B. Liegestütz) vorgeben
- Passreihenfolge verändern (von hinten nach vorne)
- Nach dem Pass eine bestimmte Aufgabe verlangen (kurzer Sprint, 5 Liegestützen, ...)

Hütchentreffen

Organisation: Zwei Mannschaften bilden; zwei Torräume kennzeichnen und in jeden fünfzehn Hütchen aufstellen
Material/Medien: 1 Fußball, Rugby-Ei, Bänder, 10–20 Hütchen

Inhalt:
Gespielt wird nach Fußball-Regeln. Für das Umschießen eines gegnerischen Hütchens gibt es einen Punkt. Der Torraum darf nicht betreten werden.
Wer hat zuerst 5, wer zuerst alle Hütchen umgeschossen?

Variationen, methodische Hinweise:
- Jedes umgeschossene Hütchen ergibt einen Punkt und wird wieder aufgestellt
  Spielzeit: mind. 5 Minuten
- Pro Mannschaft 1–2 Torhüter abstellen, die das Umschießen der Hütchen verhindern sollen
- Auch mit 4 Mannschaften in je einem halben Hallendrittel spielbar
- Spiel mit Rugby-Ei
- Mit der Hand spielen

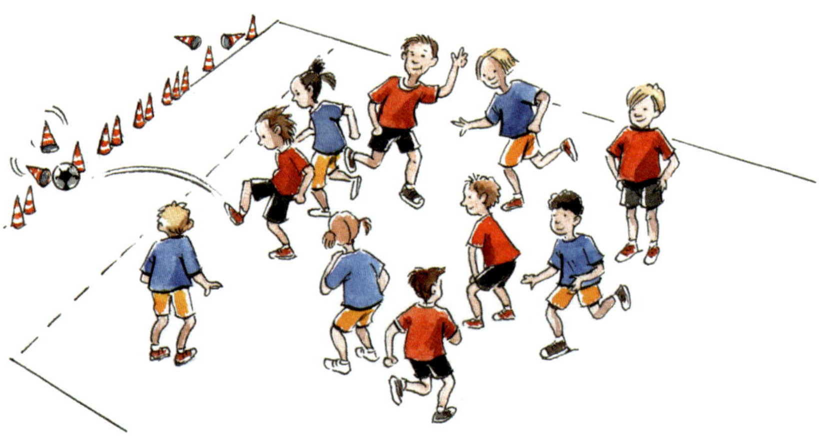

Einhakfußball

Organisation: Zwei Mannschaften bilden; Torgröße festlegen (ganze Wand; Weichbodenmatte o. ä.); 1 Spielball
Material/Medien: 1 (Soft-)Fußball, Bänder, Tennisringe

Inhalt:
Gespielt wird auf 2 Tore nach Fußballregeln, nur bewegen sich die Spieler paarweise fort (an den Händen halten, an Tennisringen festhalten). Torhüter gibt es keine.

Variationen, methodische Hinweise:
- Die Torgröße nach dem Leistungsstand der Spieler wählen
- Löst ein Paar die Hand- / (Ring-)fassung, darf es nicht mehr den Ball spielen, sonst bekommt die andere Mannschaft einen Freistoß zugesprochen
- Mit eingehakten Armen ist es noch schwieriger
- Gegengleich einhaken

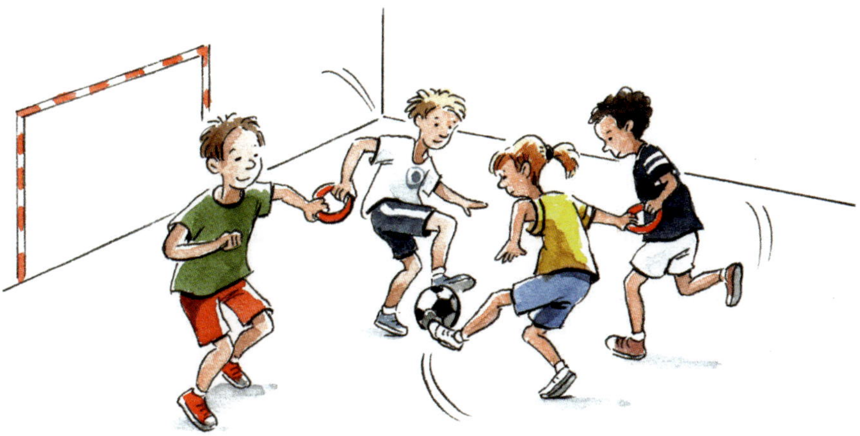

Handball – Kopfball

Organisation: Zwei Mannschaften bilden und kennzeichnen; 1 Spielball
Material/Medien: 1 Volleyball, Tore, Weichbodenmatte

Inhalt:
Zwei Mannschaften spielen nach Handballregeln gegeneinander (prellen verbieten). Ein Tor ist erzielt, wenn nach Zuwurf eines Mitspielers der Ball mit dem Kopf ins Tor, auf die Weichbodenmatte oder an die Wand gespielt wird. Tore können nur erzielt werden, wenn der Zuwurf eines Mitspielers mit dem Kopf verwandelt wird.

Variationen, methodische Hinweise:
- Würfe müssen als Einwürfe mit beiden Händen durchgeführt werden
- Spielfeld- und Torgröße variieren
- Evtl. in Kleingruppe (3:3, 4:4) quer spielen!

Nummern-Zuspiel mit mehreren Bällen

Organisation: Gruppen mit 4 bis 8 Spielern bilden und jedem eine Nummer zuteilen; pro Gruppe 1 Ball
Material/Medien: Bälle

Inhalt:
Die Bälle werden immer der Nummernreihenfolge nach innerhalb der Gruppe zugepasst (1 zu 2 zu 3 zu 4, ... zu 1).
Anzahl der Bälle pro Gruppe steigern.

Variationen, methodische Hinweise:
- Passen mit dem Fuß
- Das Ganze in der Bewegung
- Passrichtung und -abfolge auf Signale des Spielleiters wechseln
- Verschiedene Bälle einsetzen
- Zwei, drei, ... Gruppen bewegen sich in einem Spielfeld

Aufgerufene Nummer fängt

Organisation: Gruppen einteilen; Spieler durchnummerieren; jeder 1 Ball
Material/Medien: Bälle, Bänder

Inhalt:
Die Spieler sind nummeriert und bewegen sich, jeder mit einem Ball, frei in einem Spielfeld.
Nach Aufruf einer Nummer wird dieser Spieler zum Fänger.
Der Wechsel des Fängers erfolgt entweder durch Abschlagen eines anderen Spielers oder durch Aufruf einer neuen Nummer.

Wichtig: Beim Fangen und Weglaufen darf der Ball nicht verloren werden.

Variationen, methodische Hinweise:
- Dieses Spiel kann sowohl mit der Hand, als auch mit dem Fuß gespielt werden
- Verschiedene Bälle einsetzen
- 2–3 Spielern eine gleiche Nummer zuteilen

Mattenball mit Rückspiel

Organisation: Mehrere Mannschaften und Spielfelder bilden; in jedem Spielfeld zwei Matten an den Stirnseiten auslegen; pro Spielfeld 1 Ball
Material/Medien: Bälle, Bänder, Matten

Inhalt:
Die Mannschaften spielen nach Handballregeln gegeneinander. Von jeder Mannschaft steht ein Mitspieler auf der Matte. Wird dieser von der eigenen Mannschaft angespielt, fängt den Ball und kann diesen wieder an einen Mitspieler zurückspielen, dann gibt es einen Punkt. Danach muss mindestens wieder 3-mal abgespielt werden, bevor wieder der Mattenspieler angespielt werden darf.
Welches Team erzielt die meisten Punkte?
Spielzeit: 3–5 Minuten
Die Matten dürfen nur vom Mattenspieler betreten werden.

Variationen, methodische Hinweise:
- Ein Rückspiel ist nur zu einem anderen Mitspieler erlaubt
- Nach jedem erfolgreichen Zuspiel oder nach einer bestimmten Zeit wird der Mattenspieler ausgewechselt
- Nur direktes Rückspiel (Doppelpass) gibt einen Punkt

Mattenball

Organisation: Mehrere Mannschaften und Spielfelder bilden; Matten im Spielfeld als Tore auslegen; pro Spielfeld 1 Ball
Material/Medien: Bälle, Bänder, Matten

Inhalt:
Die Mannschaften spielen nach Handballregeln gegeneinander.
Ziel ist es, den Ball auf die gegnerische Matte zu werfen.
Die Matten dürfen nicht betreten werden.

Variationen, methodische Hinweise:
- Wurfkreis um die Matten kennzeichnen
- Den Ball ablegen
- Statt auf der Matte, muss der Ball hinter einer Linie, in einem Reifen, auf einer Teppichfliese abgelegt werden
- Weichbodenmatten verwenden
- Spielfelder und Mattengröße variieren
- Mit verschiedenen Bällen spielen (Tennisball, Rugby, Fußball, ...)
- Eine dritte Matte dazu legen, die von beiden Mannschaften als Tor benützt werden darf
- Es darf nicht rückwärts gespielt werden
- Nach Torerfolg bleibt die Mannschaft in Ballbesitz und die Spielrichtung wechselt

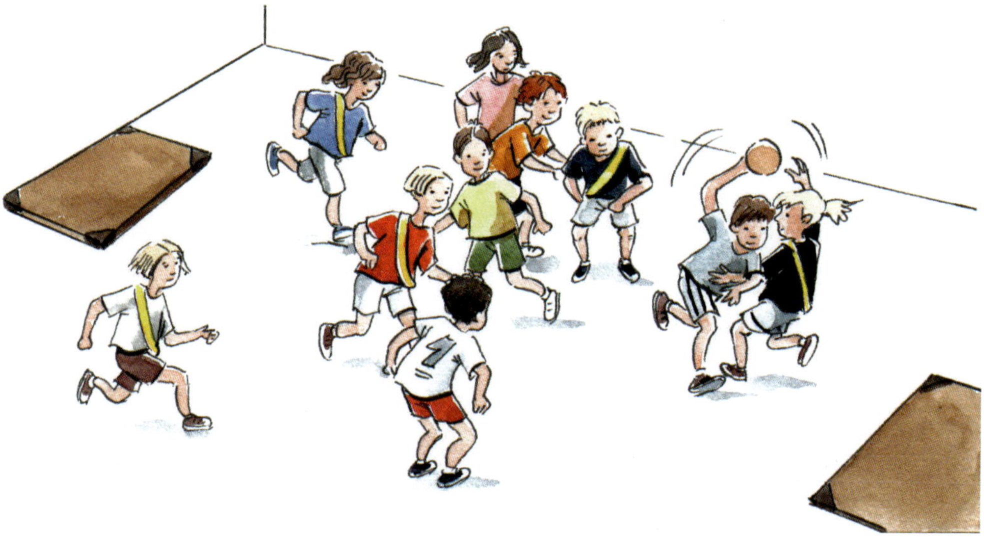

Gefängnisspiel

Organisation: 4 gleich starke Gruppen bilden; 1 Gruppe kennzeichnen; 1 Weichboden in der Hallenmitte auslegen
Material/Medien: Weichbodenmatte, Bänder

Inhalt:
Die Fängergruppe schlägt die anderen Spieler ab und führt diese zum Gefängnis (Weichboden).
Freie Mitspieler können durch Berühren die Gefangenen wieder befreien.

Wie lange dauert es, bis alle Spieler gefangen sind?
Wie viele Gefangene befinden sich nach 3, 4 Minuten auf der Matte?
Fängerwechsel!

Variationen, methodische Hinweise:
- Wenn nötig, Tipps zum Bewachen geben
- Mit 3 Gruppen spielen

Handball – Fußball

Organisation: 2 Mannschaften mit je einem Torhüter; 2 Zonen kennzeichnen; 1 Ball; 2 Tore aufstellen
Material/Medien: 1 Ball, Tore, Bänder, Hütchen

Inhalt:
Beide Mannschaften spielen gegeneinander, wobei in einer mittleren Zone Handball und in den beiden äußeren Zonen Fußball gespielt wird. Jeder Spieler darf sich in jeder Zone aufhalten.
Spielzeit: 5–10 Minuten

Variationen, methodische Hinweise:
- Neutralen Spieler (Joker) dazunehmen
- Spielarten der Zonen tauschen
- Zonengröße verändern
- Im Freien: Strafraum als äußere Zonen einsetzen
- Ideal für Spiel auf dem Großfeld
- Mit kleineren Mannschaften quer spielen

Sitzhandball

Organisation: Zwei Mannschaften bilden und einen „Sitzraum“ kennzeichnen; 1 Spielball
Material/Medien: Bälle, Hütchen

Inhalt:
Zwei Mannschaften spielen nach Handball-/Basketballregeln gegeneinander. Ein Punkt ist erzielt, wenn ein Mitspieler den Ball im Sitzen im Sitzkreis fängt. Niemand darf länger als drei Sekunden dort sitzen.

Variationen, methodische Hinweise:
- Mit mehreren kleineren Mannschaften auf mehreren Spielfeldern spielen
- Mit zwei Bällen spielen
- Zusätzlich einen neutralen Spieler einsetzen, der die ballbesitzende Mannschaft unterstützt

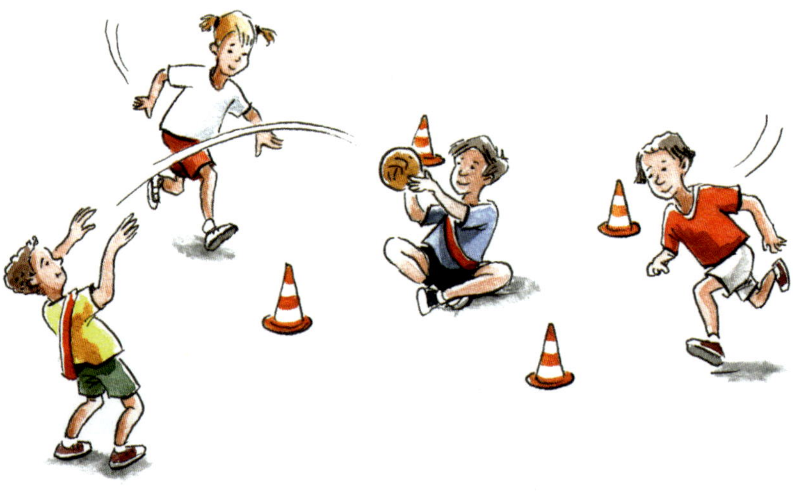

Zuspiele in der 6-er Gruppe

Organisation: 6-er Gruppen bilden und durchnummerieren; pro Gruppe 2 Bälle
Material/Medien: Bälle

Inhalt:
Die Spieler jeder Gruppe spielen sich in der richtigen Reihenfolge (1 zu 2; 2 zu 3, ...) den Ball wie folgt zu:
1. Hochwurf des Balles und Zuköpfen zum Partner
2. Hochwurf und Zuspiel mit dem Spann
3. Zuspiel per Dropskick
4. Flachpässe
5. Halbhohe Zuspiele
6. Mit Übergabe des Balles

Wichtig: Nummer 2 und 5 sind zu Beginn in Ballbesitz.

Variationen, methodische Hinweise:
- Mit der Hand den Ball spielen
- Spielfeldgröße verändern
- Verschiedene Bälle verwenden (Rugbyball, Tennisball, ...)

Zuspiele in der 3-er Gruppe

Organisation: 3-er Gruppen bilden; pro Gruppe 1 Ball
Material/Medien: Bälle

Inhalt:
Die Gruppenmitglieder spielen sich in der Bewegung den Ball mit dem Fuß wie folgt zu:
1. beliebig
2. jedes 2. Zuspiel als Flugball über 20–30 m
3. beliebig mit Ball fordern
4. jedes 2. Zuspiel als „Doppelpass" zum 3. Partner
5. der Angespielte lässt den Ball zum Zuspieler prellen, der dann zum dritten Mitspieler passt.

Variationen, methodische Hinweise:
Zuspiele mit der Hand und folgenden Regeln:
1. beliebig
2. Bodenpässe
3. direkte Zuspiele
4. Hakenwürfe

Zuspiel befreit

Organisation: 3 Spieler mit je einem Schaumstoffball als Jäger kennzeichnen
Material/Medien: Schildmützen oder Bänder

Inhalt:
Die Jäger schießen die anderen ab.
Wer abgeschossen wurde, sitzt auf dem Boden. Gelingt es einem dieser Spieler den Ball aufzunehmen, darf dieser Ball unter den Sitzenden so lange zugepasst werden (diese sind dann wieder frei), bis die Jäger diesen wieder erobern.
Können die Jäger in der vorgegebenen Zeit alle abschießen?
Jägertausch!

Variationen, methodische Hinweise:
- Der Spieler steht auf und passt den Ball mit dem Fuß einem anderen zu
- Zusätzlich gibt es noch 2 Fänger, die mit der Hand abschlagen
- Jäger haben nur einen, zwei Bälle!
- Hasen prellen oder führen zusätzlich einen Ball

Squash-Handball

Organisation: Mehrere Mannschaften bilden; 2 Mannschaften pro Spielfeld; 1 Ball pro Spielfeld
Material/Medien: Bänder, Bälle

Inhalt:
Zwei Mannschaften spielen nach Handballregeln gegeneinander.
Ein Punkt ist erzielt, wenn der Ball so geworfen wird, dass er zuerst den Boden, dann die Wand und anschließend wieder den Boden berührt (Boden-Wand-Boden).
Die abwehrende Mannschaft kann dies verhindern, indem sie den Ball auffängt (berühren reicht nicht).
Kommt der Ball außerhalb des Spielfeldes auf, dann zählt der Punkt nicht.
Spielzeit: 4–6 Minuten

Variationen, methodische Hinweise:
- Gegner wechseln
- Kleine Mannschaften bilden und im Hallendrittel quer spielen
- Turnier spielen
- Wird das Prellen verboten, so fördert dies das Zusammenspiel
- Es kann an jeder beliebigen Wand ein Punkt erzielt werden
- Erleichterung: Ein Berühren des Balles reicht
- Es gibt einen Punkt, wenn der Mitspieler den Ball fängt (Boden-Wand-Mitspieler)

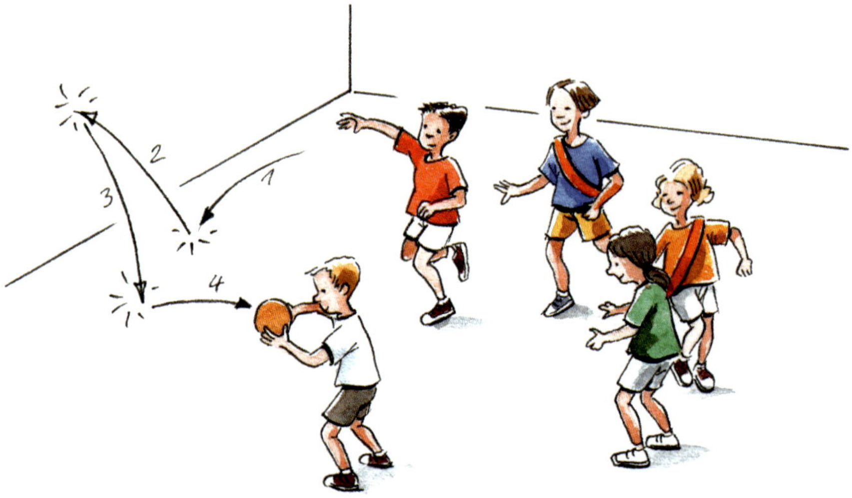

Ballbesitz entscheidet

Organisation: 4 Mannschaften bilden; 2 Spielfelder markieren; pro Spielfeld 1 Ball
Material/Medien: Bälle, Bänder, Hütchen

Inhalt:
Zwei Mannschaften spielen in ihrem Spielfeld gegeneinander, wobei die ballbesitzende Mannschaft die Spielart vorgibt (Handball, Fußball).
Ziel: 10 Pässe in Folge, wobei ein Wechsel der Spielart jederzeit möglich ist.

Variationen, methodische Hinweise:
- Spielfeldgröße verändern
- Mannschaftsstärke variieren
- Neutralen Spieler (Joker) einbauen
- Wechsel auf Signal (Pfiff, Handzeichen, ...)
- Passfolge vorgeben (5 mit Fuß, 5 mit Hand)
- Anzahl der Pässe verändern

Inselball

Organisation: 3 Mannschaften bilden und kennzeichnen; pro Mannschaft 1 Ball; für jede Mannschaft eine Insel mit Halbschalen oder Hütchen markieren
Material/Medien: Bälle, Hütchen, Halbschalen

Inhalt:
Die Mannschaften spielen gegeneinander in einem großen Feld. Zu Beginn hat jede Mannschaft einen Ball. Die Mannschaften werfen die Spieler der anderen Mannschaft ab. Jeder Spieler, der getroffen wurde, muss sich auf seine „Insel“ zurückziehen (Hütchenfeld).
Kann er von einer Insel einen Spieler abwerfen, darf er die Insel wieder verlassen.

Variationen, methodische Hinweise:
- Gespielt wird so lange, bis eine Mannschaft alle anderen Spieler auf die „Inseln“ verbannt hat
- Spiel auf Zeit
- Spielfeldgröße variieren
- Anzahl der Mannschaften erhöhen

Tunnelball

Organisation: 2–4 Tunnel-Läufer kennzeichnen; alle, außer den Läufern, 1 Ball
Material/Medien: Bälle, Bänder

Inhalt:
Alle Spieler bewegen sich im Spielfeld. Auf Pfiff bilden die Tunnelläufer mit weit gegrätschten Beinen einen „Tunnel“. Ziel der Spieler ist es, ihren Ball von vorne durch den Tunnel zu spielen.
Die ersten vier, denen das gelingt, erhalten einen Punkt.

Variationen, methodische Hinweise:
- Den Ball von hinten durch den Tunnel spielen
- Nach jeder Spielrunde die Läufer wechseln
- Anzahl der Läufer und damit der Tunnel variieren
- Der Ball muss durch 2, 3 Tunnel gespielt werden

Farbenlaufen

Organisation: Vier Gruppen bilden und mit jeweils gleichen Bändern kennzeichnen
Material/Medien: Bänder

Inhalt:
Jeder Spieler darf nur auf den Linien seiner Bandfarbe laufen (rot läuft auf roten Linien, grün auf grünen Linien, farblos auf schwarzen Linien,...). Auf Kommando des Spielleiters „rückwärts“ darf nur rückwärtsgelaufen werden. Auf Zuruf „Gruppe“ muss die ganze Gruppe hintereinander auf den Linien laufen. Auf Kommando „normal“ darf auch außerhalb der Linien gelaufen werden. Auf Kommando „Farbenwechsel“, bilden immer zwei Gruppen eine Schlange und zwar so, dass die Farben immer abwechselnd sind (grün, gelb, grün, ...).

Variationen, methodische Hinweise:
- Jede Gruppe darf auf zwei Linien laufen
- Fangspiel anschließen, indem die jeweils aufgerufene Farbe fängt. Jeder abgeschlagene Spieler führt 3 Sonderaufgaben (Strecksprünge, ...) aus, bevor er wieder mitspielt

Nummernball mit Zusatzaufgabe

Organisation: Mannschaften (5–7 Spieler) bilden und durchnummerieren; Spielfelder entsprechend den Mannschaftszahlen markieren und 4 Hütchen außerhalb des Spielfeldes aufstellen; pro Mannschaft 1 Ball
Material/Medien: Hütchen, Bänder, Bälle

Inhalt:
Der Ball muss in der Nummernreihenfolge zugespielt werden. Jedes erfolgreiche Abspiel (Ball wird gefangen) zählt 1 Punkt. Zusätzlich muss nach jedem Abspiel der Spieler ein Hütchen umlaufen. Welche Mannschaft schafft die längste Serie?

Variationen, methodische Hinweise:
- Zuspiel muss indirekt erfolgen
- Zusatzaufgabe variieren (Rolle auf Matte, Wurf in Basketballkorb, ...
- Nach 5–10 erfolgreichen Abspielen gibt es einen Punkt und es geht weiter. Welche Mannschaft schafft die meisten Punkte?

Reifen-Ablegeball

Organisation: Mehrere Mannschaften (3–5 Spieler) und Spielfelder bilden; pro Spielfeld Reifen (Teppichfliesen) auslegen (eine/n mehr als die Mannschaftsstärke beträgt)
Material/Medien: Bälle, Bänder, Reifen, (Teppichfliesen)

Inhalt:
Die Ballbesitzer spielen sich den Ball zu und versuchen, den Ball in einem Reifen (Fliese) abzulegen. Gelingt dies, erhält die Mannschaft einen Punkt und die andere den Ball. Die gegnerische Mannschaft kann dies verhindern, indem sie den Reifen (Fliese) sperrt (Fuß hinstellen). Mit dem Ball darf nicht gelaufen werden.

Variationen, methodische Hinweise:
- Passspiel darf nicht behindert werden
- Nach Torerfolg spielt die ballbesitzende Mannschaft weiter
- An einer Fliese (einem Reifen) darf nicht zweimal hintereinander ein Tor erzielt werden

Aufsetzerball

Organisation: Mehrere Mannschaften (5–6 Spieler) und Spielfelder mit Grund-/Tor- und Abwurflinie kennzeichnen; pro Spielfeld 1 Ball
Material/Medien: Bänder, Bälle

Inhalt:
Die Mannschaften spielen nach Handballregeln gegeneinander. Ein Tor ist erzielt, wenn der Ball vor dem Überschreiten der Grund-Torlinie den Boden berührt (Aufsetzer). Mit dem Ball darf nicht gelaufen werden.

Variationen, methodische Hinweise:
- Spielerzahl verändern
- Mit Torhütern spielen
- Torhüter dürfen beim Angriff mitspielen
- Spielfeldgröße verändern

Fliesenball mit „Neutralem“

Organisation: Mehrere kleine Mannschaften (3–4 Spieler) bilden und „Neutrale“ bestimmen; mehrere Spielfelder kennzeichnen; in jedem Spielfeld 5–6 Fliesen verteilen; pro Spielfeld 1 Ball
Material/Medien: Bälle, Bänder, Hütchen, Fliesen

Inhalt:
Zwei Mannschaften spielen gegeneinander und können den „Neutralen“ in ihr Spiel mit einbeziehen. Die Ballbesitzer versuchen, einen Mitspieler auf einer Fliese anzuspielen. Gelingt dies, erhalten sie einen Punkt und bleiben in Ballbesitz. Der „Neutrale“ darf nicht auf die Fliesen.
Welche Mannschaft hat zuerst 10 Punkte?
Wer hat nach 2, 3 Minuten die meisten Punkte?
Den „Neutralen“ nach jedem Durchgang auswechseln.
Kein Spieler darf länger als 5 Sekunden auf einer Fliese stehen.

Variationen, methodische Hinweise:
- Mit einem „Neutralen“ pro Mannschaft spielen
- Der „Neutrale“ darf sich nur außerhalb des Spielfeldes aufhalten
- Das Zuspiel muss indirekt erfolgen
- Fliesenzahl verändern
- Als Turnier auf Zeit spielen

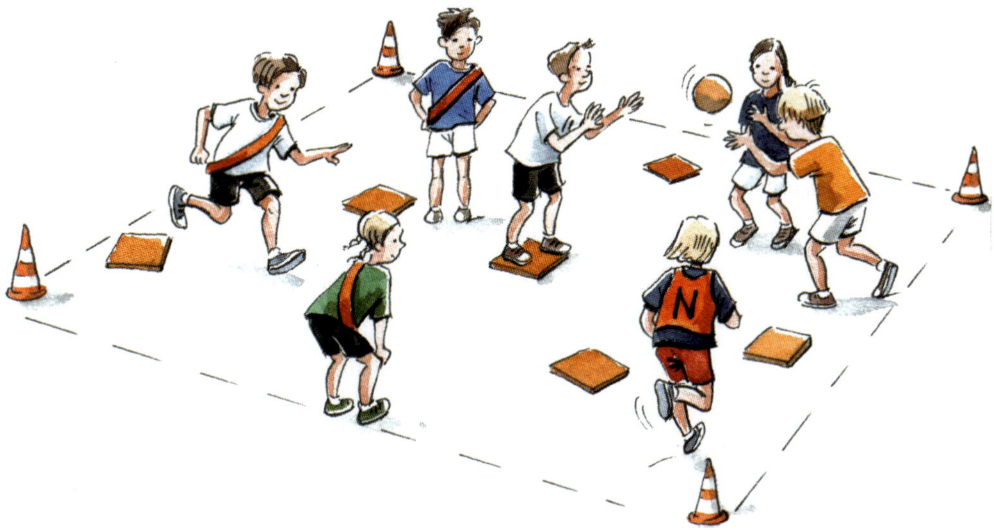

Bälle erobern

Organisation: Mehrere Mannschaften (5–6 Spieler) und Spielfelder kennzeichnen;
pro Spielfeld 1 Balldepot (Kleinkasten o. ä.) mit je 8 Bällen herrichten
Material/Medien: Bälle, Bänder, Balldepots

Inhalt:
Zwei Mannschaften spielen gegeneinander, wobei die ballbesitzende versucht, den Ball 1 Minute in ihrer Reihe zu halten. Gelingt dies, dann legt sie den Ball wieder in ihr Balldepot und das Spielrecht wechselt zur anderen Mannschaft. Verliert sie den Ball, dann legt die andere Mannschaft den eroberten Ball in ihr Balldepot und beginnt mit einem neuen Ball aus ihrem Depot.
Wer hat nach 10 Spielen die meisten Bälle im Balldepot?
Wer hat nach 5–10 Minuten die meisten Bälle in ihrem Depot?

Variationen, methodische Hinweise:
- Mit einem „neutralen“ Zuspieler
- Spielfeldgröße verändern
- Spielzeit verkürzen, statt 1 Minute z. B. 30 Sekunden
- Mit Ball nicht laufen

Kombinationsball mit Joker

Organisation: Mehrere Mannschaften (5–6 Spieler) und Spielfelder kennzeichnen; in jedem Spielfeld ein Jokerfeld kennzeichnen oder eine Matte auslegen; pro Spielfeld 1 Ball
Material/Medien: Bälle, Bänder, Hütchen

Inhalt:
Zwei Mannschaften spielen in einem Spielfeld nach Handballregeln gegeneinander. Ziel ist es, einen Mitspieler im Jokerfeld anzuspielen. Dabei darf sich im Jokerfeld immer nur ein Spieler einer Mannschaft aufhalten. Gelingt dies, dann erhält die Mannschaft einen Punkt und die andere den Ball. Vor jedem Zuspiel zum Joker muss mindestens 3-mal abgespielt werden.
Welches Team erzielt zuerst 10 Punkte?
Wer hat nach 5 Minuten die meisten Punkte?

Variationen, methodische Hinweise:
- Joker muss den Ball im Sitzen fangen
- 2–3 Reifen statt des Jokerfeldes einsetzen. Dabei muss bei der Ballannahme mindestens ein Fuß im Reifen stehen
- Mannschaftsstärke verändern
- Spielfeldgröße variieren

4:2

Organisation: 6-er Gruppen bilden;
Viereck (10 x 10 m) bilden; pro Gruppe 1 Ball
Material/Medien: Bälle, Hütchen

Inhalt:
Zwei Spieler der Gruppe gehen in die Mitte und versuchen, die Zuspiele der vier anderen Gruppenmitglieder abzufangen. Gelingt dies, dann muss der „Fehlerverursacher" in die Mitte und der Innenspieler, der am längsten dort war, darf nach außen.
Spielzeit: 5–10 Minuten

Variationen, methodische Hinweise:
- Nur 1 Innenspieler
- Ballkontakte der Außenspieler bis zum Direktspiel verändern
- Nach 10 erfolgreichen Abspielen muss direkt gespielt werden
- Laufwege der Außenspieler verdeutlichen („Ballbesitzer in Polizistenstellung mit ausgestreckten Armen und dorthin müssen sich die Nachbarspieler bewegen")
- Ziel: Pass durch die Mitte („in die Tiefe")
- Angriffsverhalten der Innenspieler erklären

Kombinationsball

Organisation: Zwei oder vier Mannschaften bilden mit je 6–10 Gruppenmitgliedern; Spielfeld markieren; pro Spielfeld 1 Ball
Material/Medien: Hütchen, Bälle, Bänder

Inhalt:
Zwei Mannschaften spielen gegeneinander und versuchen, den Ball in der eigenen Mannschaft zu halten. Wer schafft 10, 20 erfolgreiche Zuwürfe?
Für je 10 erfolgreiche Zuwürfe erhält die Mannschaft einen Punkt.
Welches Team hat nach 5–10 Minuten die meisten Punkte?

Variationen, methodische Hinweise:
- Mit dem Fuß spielen
- Die Zahl der Ballkontakte begrenzen
- Nach jedem Punkt erhält der Gegner den Ball

Frantic

Organisation: Die Spieler verteilen sich im Raum; der Spielleiter legt sich viele Tennisbälle bereit und bringt diese nacheinander ins Spiel
Material/Medien: Tennisbälle, Stoppuhr

Inhalt:
Der Spielleiter wirft die Tennisbälle hoch ins Spielfeld. Alle Spieler halten durch dauerndes Hochwerfen oder Prellen die Bälle so lange wie möglich am Leben. Liegt der erste Ball am Boden, dann ruft der Spielleiter laut „eins", beim zweiten „zwei" und so weiter. Liegt der sechste, achte Ball am Boden, dann ruft der Spielleiter laut „Stopp" und hält die Zeit an.
Wie lange konnte die Gruppe die Bälle am Leben halten?

Variationen, methodische Hinweise:
- Wenn schon viele Bälle im Spiel sind, dann die nächsten immer erst nach ca. 10 Sekunden dazugeben.
- Dasselbe mit Luftballons

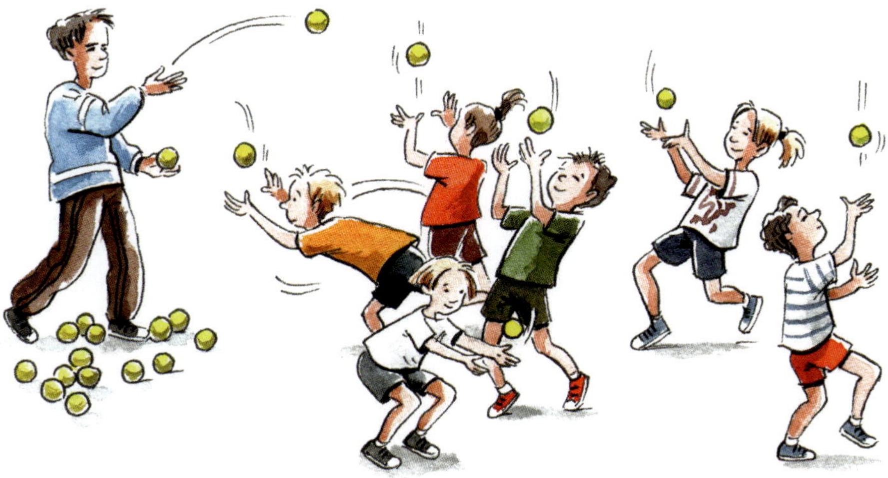

Sternspiel

Organisation: 4 gleich starke Mannschaften bilden; 4 Hütchentore in Kreuzform aufstellen; pro Spielfeld 1 Ball
Material/Medien: 8 Hütchen, Bänder, 2 Hand- oder Fußbälle

Inhalt:
Mannschaft A spielt gegen Mannschaft B von links nach rechts und C gegen D von oben nach unten. Spieldauer 5 Minuten, anschließend Sieger – Sieger und Verlierer – Verlierer.
Auf Zusammenstöße achten!
Gespielt wird nach Handball- oder Fußballregeln

Variationen, methodische Hinweise:
- Torgröße verändern
- In einer Richtung auf große Tore mit Torhüter spielen
- Eventuell verschiedenfarbige Bälle verwenden (erleichtert die Zuordnung des Balles zum Spielfeld)
- Mit der Hand sind nur Tore über Bodenpässe erlaubt

Krakenangriff

Organisation: Spielfeld in drei Bereiche einteilen; 3 Gruppen bilden; je 2 Außenspieler 1 Ball
Material/Medien: Bälle, Hütchen

Inhalt:
Die Kraken, die sich im mittleren Drittel des Spielfeldes befinden, dürfen sich nur im Krebsgang (rücklings auf allen vieren) bewegen und versuchen, den Spielern im Krakenfeld den Ball wegzuspielen. Gelingt dies, dann muss der Versuch abgebrochen und ein neuer Start unternommen werden.
Beide äußeren Gruppen spielen zusammen. Für jeden erfolgreichen Versuch (Durchqueren des Krakenfeldes) gibt es einen Punkt und ein anderer Spieler startet mit dem Ball. Bei einem Fehlversuch startet ebenfalls ein anderer Spieler.
Wie viele erfolgreiche Läufe haben die beiden Gruppen nach 2, 3 Minuten erzielt?
Jetzt wechselt eine andere Gruppe ins Krakenfeld. Welches Team hat nach 3 Durchgängen die meisten Punkte erreicht?
Bitte beachten, dass bei jedem Durchgang zwei Gruppen zusammen spielen und jede die erzielten Punkte gutgeschrieben bekommt.

Variationen, methodische Hinweise:
- Immer zwei Außenspieler bilden ein Paar und wechseln sich bei den Läufen ab
- Jeder Spieler absolviert zwei Versuche, erst dann wird gewechselt
- Von jedem Außenfeld starten immer 3 Spieler gleichzeitig

A-B-C – Fangen

Organisation: 3-er Gruppen bilden und die Mitglieder mit A, B und C bezeichnen
Material/Medien: –

Inhalt:
A fängt B und C hat Pause. Nach Abschlag erfolgt ein Rollentausch und B fängt jetzt C und A hat Pause. Anschließend fängt C den Spieler A und B pausiert.

Variationen, methodische Hinweise:
- Pausierende Spieler führen Dehnübungen aus
- Fangzeit auf max. 1 Minute begrenzen (pausierender Spieler gibt Kommando)

A-B-C – Jägerball

Organisation: 3-er Gruppen bilden und die Spieler mit A, B und C bezeichnen; pro Gruppe 1 Softball (Volleyball)
Material/Medien: Soft- oder Volleybälle

Inhalt:
Die Gruppen werfen sich den Ball in der Bewegung zu. Nach Pfiff stoppen die Spieler das Zuwerfen und der Spielleiter ruft einen Buchstaben (A, B, C) auf. Dieser Spieler wird zum Hasen und flüchtet. Die beiden anderen Spieler haben jetzt 30 Sekunden Zeit, den Hasen abzuwerfen. Dabei dürfen sie aber nur 3 Schritte mit dem Ball laufen. Gelingt dies, erhält jeder Jäger einen Punkt und sie passen sich den Ball wieder in der Gruppe zu.
Schafft es der Hase, bis zum Doppelpfiff nicht getroffen zu werden, erhält er den Punkt und die Gruppe spielt sich den Ball wieder zu.
Wer hat nach 6–12 Durchgängen die meisten Punkte?

Variationen, methodische Hinweise:
- Mit dem Fuß zuspielen
- Die Spieler mit verschiedenen Bändern kennzeichnen. Der Spielleiter hält jetzt nach Pfiff das „Hasenband“ hoch
- Spielzeit verändern
- Spielfeldgröße variieren
- Kopftreffer zählen nicht!
- Trefferfläche sind nur die Beine!

Schiffe versenken

Organisation: 2 Piraten bestimmen und mit je 1 Ball ausstatten; alle anderen Spieler erhalten einen Gymnastikreifen
Material/Medien: 2 Bälle, Gymnastikreifen

Inhalt:
Die Schiffe (Spieler mit parallel zum Boden gehaltenen Gymnastikreifen) fahren im Spielfeld umher. Die Piraten können die Schiffe dadurch versenken, dass sie ihren Ball (Kanonenkugel) durch den Reifen werfen.
Versenkte Schiffe legen ihren Gymnastikreifen auf den Boden und der Schiffsführer bleibt stehen. Vorbeifahrende Schiffe können ihn aufnehmen. Pro Schiff dürfen maximal 4 Personen mitfahren und sie dürfen sich nur außen am Reifen halten. Welches Schiff ist am längsten unterwegs?

Variationen, methodische Hinweise:
- Mit dem Fuß zuspielen
- Mit mehreren Piraten beginnen
- Versenkte Schiffe dürfen wieder mitspielen, wenn der Kapitän einen Ball aufnehmen kann
- Wird der dritte Mitfahrer aufgenommen, dann dürfen alle wieder ihr Boot in Betrieb nehmen!

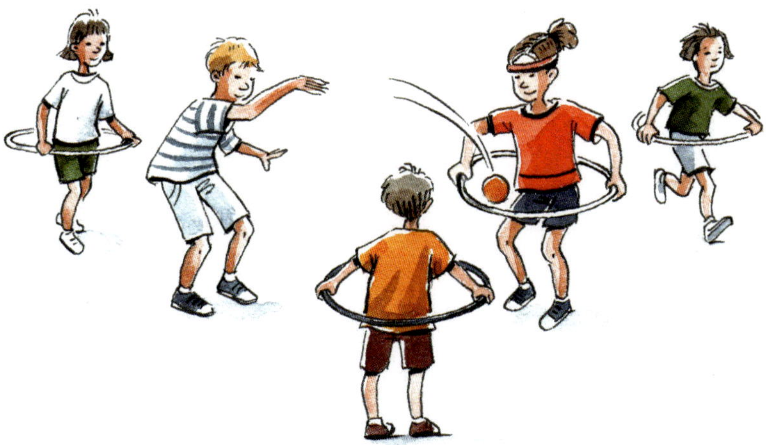

Gruppensieger

Organisation: Längsnetz (Baustellenband) aufbauen; mehrere Gruppen bilden (4–6 Spieler); jede Gruppe stellt 2, 3 Spieler auf jeder Netzseite auf; pro Gruppe 1 Ball
Material/Medien: Volleybälle

Inhalt:
Der erste Spieler pritscht den Ball so übers Netz zum Partner, dass dieser den Ball sicher auffangen kann, läuft unter dem Netz durch, berührt die Hallenwand und stellt sich bei den Gruppenmitgliedern auf der anderen Seite wieder an.
Wie viele erfolgreiche Aktionen hat die Gruppe nach 3, 4, 5 Minuten erreicht?

Variationen, methodische Hinweise:
- Baggern
- Aufschlag
- Jeder Spieler läuft hin und zurück
- Auf 30, 50 Gewinnpunkte spielen
- Ball darf 1 x aufspringen
- Fängerbereich durch Reifen, Markierung eingrenzen

Vierfelderball

Organisation: Vier Felder in den Ecken des Spielfeldes oder der Halle markieren und die Buchstaben A, B, C und D zuordnen, wobei C gegenüber von A liegt; jeder 1 Ball; 4 gleich starke Gruppen bilden
Material/Medien: Hütchen, Bälle

Inhalt:
In jedem Feld prellen die Spieler einer Gruppe ihre Bälle. Auf Pfiff lassen die Spieler ihren Ball im Feld liegen und wechseln von A nach B, von B nach C (diagonal!), von C nach D und von D nach A (diagonal!).
Dabei werden verschiedene Laufformen vorgegeben wie z. B.:
- Hopserlauf
- Rückwärts
- Seitstepps
- Überkreuzlauf
- Kopfballsprünge
- Zweierrhythmus

Variationen, methodische Hinweise:
- Bei unterschiedlicher Gruppenstärke legt der Spielleiter Ersatzbälle bereit
- 1 Ball weniger wie Spieler im Feld. Der Spieler ohne Ball erobert sich regelgerecht einen Ball. Beim Wechsel muss der letzte sich einen Ball erobern
- Den Ball mit dem Fuß führen

Farbenspiel

Organisation: Die Spieler in drei Gruppen einteilen und mit Bändern markieren; 1–2 Bälle
Material/Medien: Bälle; Bänder

Inhalt:
Die Spieler der „roten“ Gruppe werfen ihren Ball immer zu einem Spieler der „gelben“ Gruppe und diese dann zu einem Spieler der „blauen“ Gruppe. Die Spieler der „blauen“ Gruppe werfen dann wieder zu einem Spieler der „roten“ Gruppe usw. Wichtig: Zuerst mit einem Ball beginnen. Erst danach, je nach Spielerzahl und Leistungsstand, die Anzahl der Bälle erhöhen. Alle Spieler sind in Bewegung.

Variationen, methodische Hinweise:
- Den Ball mit dem Fuß passen.
- Mehr Gruppen bilden
- In zwei Spielfeldern mit mehreren kleinen Gruppen spielen.
- Die Anzahl der Bälle und die Kontaktzahl verändern.
- Einen Ball mit dem Fuß führen und einen zweiten prellen

Karottenziehen

Organisation: 1–2 „Bauern“ kennzeichnen
Material/Medien: –

Inhalt:
Alle Spieler legen sich als Karotten auf den Bauch in einen engen Kreis und halten sich an Händen und Armen fest. Die Bauern beginnen nun, die Karotten einzeln nacheinander aus der Umklammerung zu ziehen. Diejenigen Spieler, die sich nicht mehr halten können und aus dem Kreis gezogen werden, helfen den Bauern, bis das letzte Paar aufgebrochen wird. Sobald sich durch das Herausziehen einer Karotte eine Lücke ergibt, schließen die übrigen Spieler den Kreis / die Handfassung wieder so schnell wie möglich.

Variationen, methodische Hinweise:
- Lieblingsspiel vieler Schüler
- Achtung: Bei Zug in die Höhe wird die Wirbelsäule stark belastet!
- Gut zur Kraftschulung
- Starke soziale Komponente (sich gegenseitig nach Kräften helfen!)
- Wichtig: flach ziehen!
- Anzahl der Bauern erhöhen
- Karotten schließen die Augen
- Bereits das Lösen einer Hand reicht

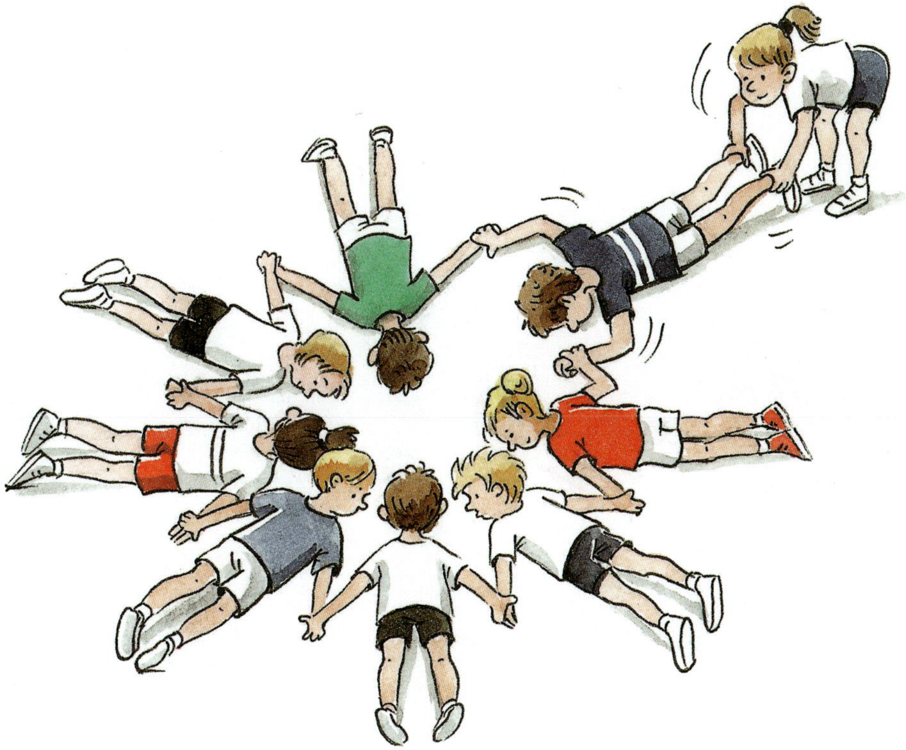

Schwungseilwettkampf

Organisation: : 2 Gruppen bilden; jeder Gruppe ein Spielfeld zuweisen, in dem im Abstand von ca. 10 m zwei Markierungskegel diagonal aufgestellt sind; zwei Gruppenmitglieder stellen sich mit dem Schwungseil so auf, dass die Mitspieler von einem Markierungskegel zum anderen durch das geschwungene Seil laufen können; alle Gruppenmitglieder starten von einem Markierungskegel (rot), durchlaufen das Seil, umlaufen den anderen (gelben) Markierungskegel und laufen um das geschwungene Seil zum Ausgangs-Markierungskegel zurück („Schmetterlingsprinzip").

Material/Medien: 2 Schwungseile, Markierungskegel

Inhalt:
Auf Pfiff schwingen die beiden Mittelspieler das Seil und die anderen Gruppenmitglieder laufen ohne Seilberührung unter dem Seil zum gegenüberliegenden Markierungskegel und außen herum zurück zum Start.

Wie viele erfolgreiche Läufe erreicht die ganze Gruppe in zwei Minuten?
Ein Seilschwinger zählt laut mit.
Die Siegergruppe erhält einen Punkt.
Anschließend Aufgabenwechsel und Chance zur Revanche.
Welche Gruppe hat nach 5 Durchgängen gewonnen?

Variationen, methodische Hinweise:

- Welche Gruppe schafft zuerst 20 erfolgreiche Läufe?
- Es darf immer nur ein Spieler durch das Seil laufen
- Kranke Spieler als Zähler einteilen
- Der Spieler läuft hin und zurück durch das Seil (eine Acht laufen)
- Alle Spieler laufen die Acht im Reißverschluss-system (immer im Wechsel läuft einer vom roten Hut, dann vom gelben durch das Seil)

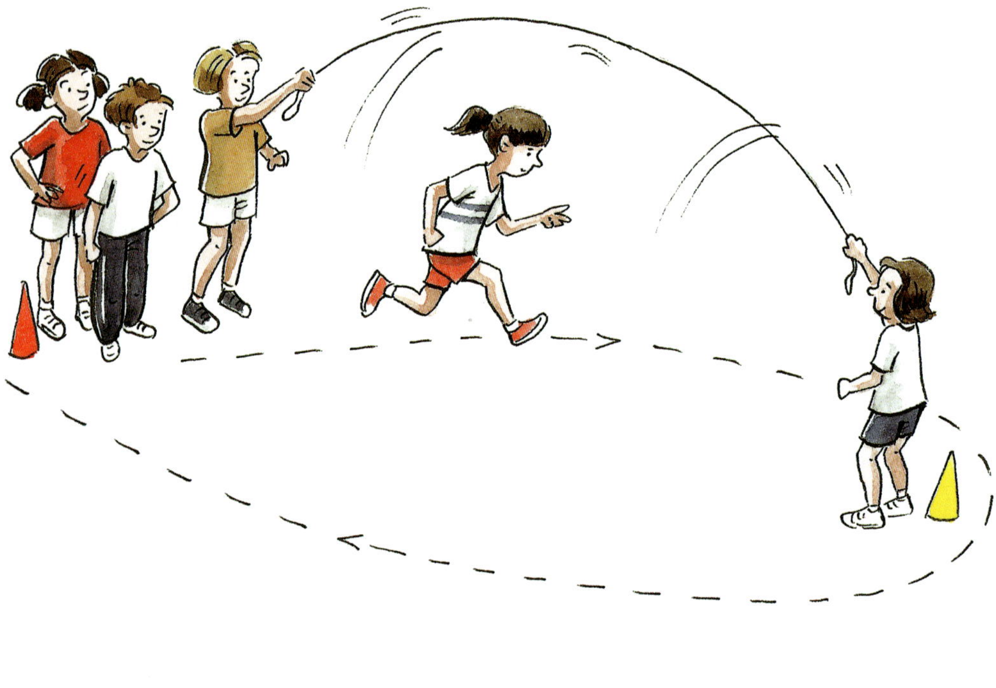

Kurzer Theorieteil

Was sind koordinative Fähigkeiten?

Unter den motorischen Fähigkeiten, die die sportliche Leistungsfähigkeit determinieren, nehmen die koordinativen Fähigkeiten neben der Beweglichkeit und den konditionellen Fähigkeiten eine herausragende Position ein.
Koordinative Fähigkeiten meinen Fähigkeiten, die die Bewegungssteuerung wesentlich bestimmen (MEINEL/SCHNABEL 1987, S. 242). Diese Fähigkeiten ermöglichen es Menschen, bei immer besserer Ausprägung und Entwicklung komplexe Bewegungen auszuführen und diese zielgerichtet zu steuern.
Im Folgenden finden Sie Definitionen der verschiedenen koordinativen Fähigkeiten:

Orientierungsfähigkeit:
Die Orientierungsfähigkeit ist die Fähigkeit, sich in der Vielfalt von räumlichen Positionen zu orientieren und zu bewegen.

Beispiele:
- Freilaufen in Sportspiel
- Erkennen von Anspielmöglichkeiten oder Laufwegen
- Orientierung bei und nach Körperrotationen
- sicheres und vorausschauende Ski fahren auf stark befahrenen Pisten

Differenzierungsfähigkeit:
Die Differenzierungsfähigkeit ist die Fähigkeit, Bewegungen angemessen und dosiert auf die jeweilige Situation bezogen auszuführen. Dabei werden veränderte Spannungszustände von Muskeln und Sehnen im Bewegungsgefühl wahrgenommen und situativ angepasst.

Beispiele:
- Bälle verschiedener Größe und Materialien, die mit unterschiedlichen Geschwindigkeiten zugespielt wurden, verarbeiten zu können
- Abfedern der eigenen Bewegung, z. B. auf dem Trampolin oder nach Sprüngen
- Tempovariationen

Gleichgewichtsfähigkeit:
Die Gleichgewichtsfähigkeit ist die Fähigkeit, das Gleichgewicht zu halten oder es nach Positionsveränderungen möglichst rasch wieder zu gewinnen.

Beispiele:
- Balancieren z. B. auf dem Schwebebalken
- Handstand
- Halten oder Wiederherstellung des Gleichgewichts nach einem Rempler im Sportspiel

Umstellungs-/Anpassungsfähigkeit:
Die Umstellungs-/Anpassungsfähigkeit ist die Fähigkeit, während des Handlungsvollzuges das Handlungsprogramm zu verändern, den Umgebungsbedingungen anzupassen oder evtl. ein völlig neues und adäquates Handlungsprogramm zu starten.

Beispiele:
- Finte im Sportspiel
- Lob statt Passierschlag im Tennis, weil der Gegner plötzlich sehr nah am Netz steht

Reaktionsfähigkeit:
Die Reaktionsfähigkeit ermöglicht es, Informationen bzw. Signale aufzunehmen und darauf schnell und mit einer gezielten Bewegung zweckmäßig zu reagieren.

Beispiele:
- Start auf ein Signal (z. B. 100 m-Lauf)
- Abwehr- und Konterbewegung beim Fechten
- Torwartreaktionen

Rhythmisierungsfähigkeit:
Die Rhythmisierungsfähigkeit ermöglicht, Bewegungsabläufe rhythmisch zu gestalten, zu akzentuieren oder einen gegebenen Rhythmus zu erfassen.

Beispiele:
- sich nach Musik bewegen
- einen Anlauf rhythmisch zu gestalten
- skaten auf Inlinern, Skiern oder Rollerblades
- Schrittrhythmus beim Absprung zum Kopfball oder Anlauf zu einem Schuss

Kopplungsfähigkeit:
Kopplungsfähigkeit ist die Fähigkeit, verschiedene (Teil-)Bewegungen erfolgreich miteinander zu verbinden und einen flüssigen Bewegungsablauf zu erzeugen.

Beispiele:
- Bewegungsabläufe beim Eiskunstlaufen, in der Rhythmischen Sportgymnastik und sonstigen sog. kompositorischen Sportarten
- Kombination von Lauf- und Schlagbewegungen bei Rückschlagspielen.

Koordinativ gut ausgebildete Spielerinnen und Spieler können:

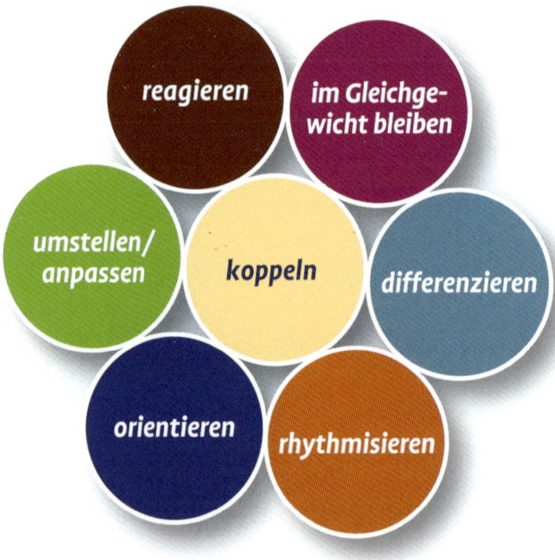

Die einzelnen koordinativen Fähigkeiten überlagern sich oft, eine exakte Trennschärfe in Spielsituationen ist daher nicht möglich. Schwerpunkte bei der Schulung können gesetzt werden, einzelne Fähigkeiten aber nicht oder kaum isoliert betrachtet und trainiert oder eingeübt werden. Hieraus ergeben sich für die Spielschulung bedeutsame Synergieeffekte, da sich die einzelnen koordinativen Fähigkeiten gegenseitig positiv beeinflussen können.

Eine ausführliche und sehr gute Abhandlung zu Fragen der koordinativen Fähigkeiten insbesondere in Ballsportarten finden Sie in:

Moosmann et al. (2009): Ballorientierte Koordination, Stuttgart.

Die Lieferung erfolgt über den Buchhandel oder durch die

WFV-Buch- und Formularvertrieb GmbH
Postfach 105451
70047 Stuttgart

Bestellung ist auch möglich unter www.wuerttfv.de (Service/wfv-shop).

Literaturhinweise

Albeck, T. / Zöller, H.: Kindgerechtes Fußballtraining. Württembergischer Fußballverband, Stuttgart 1996

Alberti, H. / Rothenberg, L.: Spielreihen in der Spielschulung. Schorndorf 1975

Anrich, Christoph: Koordination – Grundlagen für Schule und Verein, Klett – Verlag, Leipzig 2003

Asmus, S.: Koordinative Fähigkeiten – die Basis für den Fußball. Teil 2. In: Fußballtraining 9 (1997), S. 38ff.

Baumann, S.: Sportspiele. München 1979

Beug, Rolf et al.: Schulung und Verbesserung der koordinativen Fähigkeiten. Heftreihe Bewegung, Spiel und Sport in der Schule, Ministerium für Kultus, Jugend und Sport Baden-Württemberg.

Bielefelder Sportpädagogen: Methoden im Sportunterricht. Ein Lehrbuch in 14 Lektionen. 3. Auflage. Schorndorf 1998.

Bönisch, S. et al.: Spielen – Bewegen – Entspannen. Berlin 1998

Brugmann, B.: 1000 Spiel- und Übungsformen im Fußball. Schorndorf 1984

Buschmann, J. u. a.: Koordination. Das neue Fußballtraining. Spielerische Formen für das Kinder- und Jugendtraining. Reinbek 1999

Burgger u. a.: 1000 Spiel- und Übungsformen zum Aufwärmen. Schorndorf 1998

Deutscher Basketball Bund e. V.: Spiel doch den roten Ball. Deutscher Basketball Bund e. V., Haben 1987

Döbler, H. / Döbler, E.: Kleine Spiele. 21. Auflage. Berlin 1998

Emrich, A.: Spielend Handball lernen in Schule und Verein. 4. Auflage. Wiebelsheim 2003

Friedrich, W. Dr. / Jung, L.: Grundlagen Sportwissen. Balingen 2003

Hirtz, P.: Koordinative Fähigkeiten im Schulsport. Berlin 1985

Koch, K.: Kleine Sportspiele. Schorndorf 1975

Kosel, Andreas: Schulung der Bewegungskoordination. Übungen und Spiele für den Sportunterricht in der Grundschule. 6. Auflage. Schorndorf 2001

Kröger, C. / Roth, K.: Ballschule – Ein ABC für Spielanfänger. Schorndorf 1999

Lang, H.: Spielen, Spiele, Spiel. Schorndorf 1992

Löhr, R. / Zwirner, P.: Kleine Spiele im Breiten- und Freizeitsport. Karlsruhe 1990

Löscher, A.: Kleine Spiele für viele. Berlin 1986

Maier, W. u. a.: Fußball in der Grundschule. Stuttgart 1991

Maier, W. u. a.: Fußball in der Sekundarstufe 1. Stuttgart 1992

Maier, W. u. a.: Fußball in der Sekundarstufe 2. Stuttgart 1993

Medler, M. / Schuster, A.: Ballspielen. Neumünster 1996

Ministerium für Kultus, Jugend und Sport Baden-Württemberg: Kinderleichtathletik. Band 1 Laufen und Sprinten. Stuttgart 1998 (a)

Ministerium für Kultus, Jugend und Sport Baden-Württemberg: Schulung und Verbesserung der koordinativen Fähigkeiten. Stuttgart 1998 (b)

Ministerium für Kultus, Jugend und Sport Baden-Württemberg: Ballspiele in der Schule – Fußball. Stuttgart 1999

Mitterbauer, G. / Schmidt, G.: 300 Bewegungsspiele. Berwang/Tirol 1987

Moosmann, Klaus: Kleine Aufwärmspiele. 7. Auflage, Wiebelsheim 2009

Moosmann et al.: Ballorientierte Koordination, Stuttgart 2009

Müller, B.: Spaß für alle durch Kleine Ballspiele. Aachen 1998

Müller, B.: Ball-Grundschule: Förderung von Ball-Fertigkeiten und koordinativen Fähigkeiten. Teil 1: Theoretische Einführung. Lehrhilfen für den Sportunterricht, Schorndorf, 46 (1997) H. 1

Müller, H. J.: Minihandball. H.J. Müller, Mandelbachtal 1. 1978

Neumaier, A.: Koordinatives Anforderungsprofil und Koordinationstraining. Köln 1999.

Rammler/Zöller: Kleine Spiele – wozu? 5. Auflage. Wiebelsheim 2003

Reuter, M.: Fertig ausgearbeitete Unterrichtsbausteine für das Fach Sport. Kissing 1992

Schmidt, W.: Kindertraining. Stuttgart 2006

Scholz, U. u. a.: Hier bewegt sich was! Wiebelsheim 2009

Schreiner, Peter: Koordinationstraining Fußball. Reinbek 2000

Walter, M.: Spiel und Sport an jedem Ort. Schorndorf 1994

Weineck, J.: Die koordinativen Fähigkeiten – Grundlage des Trainings mit Kindern.
In: Leichtathletiktraining 7 (1996), H.10, S. 24–29

Wiemann, K.: Spielt mit. Frankfurt 1962

Wiertsema, H.: 100 Bewegungsspiele. Seelze 1998

Register 1: Motorische Fertigkeiten und konditionelle Fähigkeiten

Dribbeln, Prellen und Passen

4:2 ... 86
Atomspiel ... 31
Aufgaben mit zwei Bällen ... 32
Ball auf Linien spielen ... 28
Ballbesitz entscheidet ... 82
Bälle aufräumen ... 62
Bälle erobern ... 85
Bälle wechseln ... 23
Ballführen ... 11
Ball führen und schnell raus ... 21
Ball heraus ... 28
Ballprellen in der Bewegung ... 28
Ballprellen mit Begrüßen ... 15
Ballprellen mit Zusatzaufgaben ... 51
Ball prellen und Bänder rauben ... 27
Ball prellen und schnell reagieren ... 21
Ballstopp ... 17
Ballvermehrung ... 32
Ballwechsel ... 50
Ball weg! ... 50
Bewegen und Konzentrieren ... 39
Blitzschlag ... 42
Bodyguard ... 55
Brückenwächter ... 61
Dreifelderball ... 32
Dribbeln mit Kunststücken ... 33
Dribbeltorball ... 52
Dribbling im Feld ... 36
Durchs Tor zum Partner ... 51
Farbenspiel ... 90
Frantic ... 87
Heißer Ball ... 57
Hundehütte ... 65
Hütchen suchen ... 71
Jägerfußball ... 40
Keulen- oder Hütchenball ... 49
Kombinationsball ... 86
Kommando-Prellen ... 29
Krakenangriff ... 88
Krakenball ... 64
Laufen und Dribbeln ... 23
Mattenball mit Rückspiel ... 78
Mitspieler berühren ... 63
Neckball ... 57
Nummernball mit Zusatzaufgabe ... 84
Nummernpassen mit Verweigern ... 76
Nummern-Zuspiel mit mehreren Bällen ... 78
Paarläufe ... 49

Partner umdribbeln ... 58
Passen und Konzentrieren ... 54
Prellen im Hütchenwald ... 26
Prellen mit Abklatschen ... 21
Punktejagd ... 30
Reifen-Ablegeball ... 84
Reifenfußball ... 31
Rettungsinsel ... 43
Schattenprellen ... 48
Schattenspiel ... 47
Schlangenprellen ... 62
Sechs-Tage-Rennen ... 70
Seitenwechsel ... 65
Spiegeldribbeln ... 51
Stangentorball ... 52
Synchronprellen ... 56
Tunnelkick ... 56
Um die Bänder ... 16
Viele Tore ... 48
Vierfelderball ... 90
Werfen mit zwei Bällen ... 57
Zick-Zack-Dribbeln ... 27
Ziehharmonika ... 55
Zuspiele in der 2-er Gruppe ... 49
Zuspiele in der 3-er Gruppe ... 81
Zuspiele in der 6-er Gruppe ... 81
Zweiball ... 33
Zwei Fahrer ... 54
Zwillingsjagd ... 53

Fangen

A-B-C – Fangen ... 88
Abtupfball ... 39
Ameisenfangen ... 20
Aufgerufene Farbe fängt ... 60
Aufgerufene Nummer fängt ... 78
Bärenfangen ... 42
Böse Eismaschine ... 24
Die Löwen sind los ... 69
Dreifelder-Fangen ... 63
Dribbelfangen ... 73
Fängervermehrung ... 13
Füchse und Hühner ... 61
Gefängnisspiel ... 79
Gerupftes Huhn ... 40
Hundefangen ... 20
Kettentick ... 38
Klammernfangen ... 29
Linien fangen ... 22
Paarfangen ... 46
Paarfangen mit Gymnastikaufgaben ... 46
Polizei – Dieb ... 47
Prellfänger ... 28
Rettungsboot ... 25

Rettungsspieler ... 37
Riesenkrake ... 12
Rollbrettfangen ... 35
Schiffe versenken ... 89
Schwarzer Rabe ... 73
Seeungeheuer ... 70
Stütz befreit ... 22
Teppichfliesenfangen ... 15
Viererfangen ... 61
Virusball ... 69

Hüpfen, Springen und Ziehen

Karottenziehen ... 91
Liegestütz-Kampf ... 58
Mit dem Seil ... 30
Spinnenkampf ... 44
Springkreis ... 24

Jonglieren

Ball hochspielen ... 25
Ball hochspielen mit dem Spann ... 14
Jonglierball ... 36

Laufen

Äpfel klauen ... 66
Auf die Umlaufbahn schicken ... 68
Autofahren ... 11
Begrüßen ... 13
Berührjagd ... 19
Bewegungsmärchen ... 12
Chaosspiel ... 14
Chef bestimmt ... 72
Drei und mehr Freunde ... 19
Farben-Linien-Spiel ... 18
Farbenlaufen ... 83
„Halt – zack – platsch“ ... 18
Laufen im Hütchenwald ... 37
Laufen mit Musik ... 16
Linienlaufen ... 59
Marionettengang ... 45
Partnergalopp ... 45
Schattenlaufen ... 46
Schwungseilwettkampf ... 92
Seiltreten ... 43
Über Hindernisse ... 41
Über Matten ... 34
Zoospiel ... 38
Zwei Fahrer ... 54

Werfen und Schießen

A-B-C – Jägerball ... 88
Aufsetzerball ... 84
Ball befreit (Rettungsring) ... 26
Brettball ... 75

Einhakfußball 77
Faustball 73
Fliesenball mit „Neutralem“ 85
Gruppensieger 89
Handball – Fußball 80
Handball – Kopfball 77
Handball verkehrt 67
Hütchentreffen 76
Inselball 83
Jägerball 73
Hasenjagd 64
Jokerball 74
Kastenvölkerball 59
Kombinationsball mit Joker 86
Kopf punktet 75
Laufendes Tor 75
Mattenball 79
Nummernzuspiel 68
Papierball 17
Reboundball 74
Schlangenlauf 60
Schuhhockey 71
Sieben Leben 62
Sitzhandball 80
Squash-Fußball 53
Squash-Handball 83
Sternspiel 87
Torschütze wechselt 68
Trefferball – Jeder gegen jeden 66
Tunnelball 83
Wechselball 67
Zombie 34
Zuspiel befreit 81

Register 2: Koordinative Fähigkeiten

	Reaktions-fähigkeit	Orientierungs-fähigkeit	Gleichgewichts-fähigkeit	Rhythmus-fähigkeit	Differenzierungs-fähigkeit	Umstellungs-/ Anpassungsf.	Kopplungs-fähigkeit
Einzelspiele							
Autofahren	●	●				●	
Ballführen	●	●	●	●			
Riesenkrake	●	●					
Bewegungsmärchen	●	●				●	
Fängervermehrung	●	●				●	
Begrüßen	●	●				●	
Ball hochspielen mit dem Spann				●	●	●	
Chaosspiel	●	●			●		
Ballprellen mit Begrüßen		●		●			
Teppichfliesenfangen	●		●			●	
Laufen mit Musik	●					●	●
Um die Bänder	●	●		●			
Papierball		●			●		
Ballstopp	●	●			●		
„Halt-zack-platsch“	●	●				●	
Farben-Linien-Spiel	●	●				●	
Drei und mehrFreunde	●	●				●	
Berührjagd	●	●					●
Hundefangen	●	●				●	
Ameisenfangen	●	●					
Ball führen und schnell raus	●	●		●			
Ball prellen und schnell reagieren	●	●		●			
Linien fangen	●	●					
Stütz befreit	●	●					●
Bälle wechseln	●	●		●			
Laufen und Dribbeln		●		●			●
Böse Eismaschine	●	●				●	
Springkreis	●	●		●			
Rettungsboot	●	●				●	
Ball hochspielen		●		●			●
Prellen im Hütchenwald	●	●				●	
Ball befreit (Rettungsring)	●	●			●		
Zick-Zack-Dribbeln	●	●				●	
Ball prellen und Bänder rauben	●	●		●			●
Ball heraus		●		●			●
Ball prellen in der Bewegung	●	●		●			
Ball auf Linien spielen		●					●
Kommando-Prellen	●			●			●
Klammernfangen	●	●					
Punktejagd		●		●			●
Mit dem Seil				●	●		●
Reifenfußball	●	●		●			
Atomspiel	●	●		●			
Aufgaben mit zwei Bällen				●		●	●
Ballvermehrung	●	●				●	
Dreifelderball	●	●				●	
Dribbeln mit Kunststücken	●			●		●	
Zweiball		●		●			●

	Reaktions-fähigkeit	Orientierungs-fähigkeit	Gleichgewichts-fähigkeit	Rhythmus-fähigkeit	Differenzierungs-fähigkeit	Umstellungs-/ Anpassungsf.	Kopplungs-fähigkeit
Zombie	●	●					
Über Matten				●			●
Rollbrettfangen		●	●			●	
Jonglierball	●			●		●	
Dribbling im Feld	●	●		●			
Laufen im Hütchenwald		●				●	
Rettungsspieler	●	●				●	
Kettentick		●				●	
Zoospiel		●				●	
Abtupfball	●	●				●	
Bewegen und Konzentrieren	●			●		●	
Prellen mit Abklatschen		●		●			
Jägerfußball		●		●		●	
Gerupftes Huhn	●					●	
Über Hindernisse	●					●	
Prellfänger	●	●		●			
Blitzschlag	●					●	
Bärenfangen	●					●	
Rettungsinsel	●	●				●	
Seiltreten		●				●	●
Spinnenkampf	●	●				●	
Partnerspiele							
Partnergalopp				●		●	
Marionettengang	●	●					●
Schattenlaufen	●	●				●	
Paarfangen		●		●		●	
Paarfangen mit Gymnastikaufgaben	●				●		●
Schattenspiel	●	●		●		●	
Polizei-Dieb	●					●	
Schattenprellen		●		●			●
Viele Tore		●				●	●
Keulen-oder Hütchenball	●	●				●	●
Paarläufe		●		●		●	●
Zuspiele in der2-er Gruppe		●				●	●
Ball weg!	●	●		●			●
Ballwechsel	●	●		●			
Spiegeldribbeln	●	●				●	●
Ball prellen mit Zusatzaufgaben				●	●	●	
Durchs Tor zum Partner					●	●	●
Dribbeltorball		●		●			●
Stangentorball		●				●	●
Zwillingsjagd	●	●		●		●	●
Squash-Fußball	●				●	●	●
Zwei Fahrer	●	●				●	●
Passen und Konzentrieren	●	●				●	
Ziehharmonika		●				●	●
Bodyguard	●	●		●		●	●
Tunnelkick		●		●			●
Synchronprellen	●	●		●			●
Neckball	●					●	●
Werfen mit zwei Bällen	●				●		●
Heißer Ball	●	●				●	

	Reaktions-fähigkeit	Orientierungs-fähigkeit	Gleichgewichts-fähigkeit	Rhythmus-fähigkeit	Differenzierungs-fähigkeit	Umstellungs-/ Anpassungsf.	Kopplungs-fähigkeit
Partner umdribbeln	●	●				●	
Liegestütz-Kampf	●	●				●	
Gruppenspiele							
Linienlaufen	●	●				●	
Kastenvölkerball	●	●				●	
Schlangenlauf		●		●			●
Aufgerufene Farbe fängt	●	●					
Füchse und Hühner	●	●				●	
Viererfangen	●	●				●	
Brückenwächter		●			●		●
Bälle aufräumen		●			●	●	
Schlangenprellen				●	●	●	
Sieben Leben	●	●				●	
Dreifelder-Fangen	●	●	●			●	
Mitspieler berühren		●		●			●
Hasenjagd	●	●					●
Krakenball		●				●	●
Hundehütte		●		●		●	
Seitenwechsel		●		●		●	
Äpfel klauen		●				●	●
Trefferball – Jeder gegen jeden	●	●			●		
Wechselball	●	●				●	
Handball verkehrt		●				●	●
Nummernzuspiel		●			●		●
Torschütze wechselt						●	●
Auf die Umlaufbahn schicken	●	●				●	
Virusball	●	●				●	
Die Löwen sind los	●	●				●	
Seeungeheuer	●	●				●	
Sechs-Tage-Rennen				●			●
Schuhhockey					●	●	
Hütchen suchen	●	●		●		●	
Chef bestimmt		●				●	
Faustball	●					●	
Jägerball	●					●	
Schwarzer Rabe	●	●				●	
Dribbelfangen		●		●			●
Jokerball		●			●	●	
Reboundball		●			●	●	
Kopf punktet	●	●				●	●
Brettball	●	●			●		●
Laufendes Tor	●	●				●	●
Nummernpassen mit Verweigern	●	●				●	
Hütchentreffen		●				●	●
Einhakfußball		●			●	●	●
Handball – Kopfball	●	●				●	●
Nummern-Zuspiel mit mehreren Bällen	●	●					●
Aufgerufene Nummer fängt	●	●				●	
Mattenball mit Rückspiel		●				●	●
Mattenball		●				●	●
Gefängnisspiel	●	●				●	

	Reaktions-fähigkeit	Orientierungs-fähigkeit	Gleichgewichts-fähigkeit	Rhythmus-fähigkeit	Differenzierungs-fähigkeit	Umstellungs-/ Anpassungsf.	Kopplungs-fähigkeit
Handball-Fußball		●				●	●
Sitzhandball		●				●	●
Zuspiele in der 6-er Gruppe		●			●	●	●
Zuspiele in der3-er Gruppe		●			●	●	●
Zuspiel befreit	●	●					●
Squash-Handball		●				●	●
Ballbesitz entscheidet	●	●				●	●
Inselball	●	●				●	●
Tunnelball	●	●				●	
Farbenlaufen	●	●					
Nummernball mit Zusatzaufgabe	●	●				●	
Reifen-Ablegeball	●	●				●	
Aufsetzerball	●	●				●	●
Fliesenball mit „Neutralem“	●	●				●	●
Bälle erobern	●	●				●	
Kombinationsball mit Joker		●				●	●
4:2	●	●				●	●
Kombinationsball		●				●	●
Frantic	●	●		●		●	
Sternspiel		●				●	●
Krakenangriff	●	●			●	●	
A-B-C-Fangen	●	●				●	
A-B-C-Jägerball	●	●				●	●
Schiffe versenken		●			●	●	●
Gruppensieger		●				●	●
Vierfelderball	●	●		●			●
Farbenspiel		●			●	●	
Karotten ziehen					●	●	
Schwungseilwettkampf				●		●	●